好好回话

社交中的误解，工作中的冲突，
绝大多数都源于回话不当！

誰とでも 15分以上 会話がとぎれない！話し方 66のルール

[日] 野口敏 著　　靳园元 译

北京联合出版公司
Beijing United Publishing Co.,Ltd.

> 自序

从今天起，与任何人都能侃侃而谈

只要掌握"基本法则"，保你万事无忧

我从事沟通技巧的培训工作已经 20 年有余。
来听我的课的学员都有着相同的烦恼：

我说的话别人都不感兴趣。
说着说着就不知道该说什么了。
碰到自己不了解的话题就插不上话。
不知道该怎么打破沉默的僵局。
我讲不出什么有趣的梗，没办法让气氛活跃起来。
……

与别人聊天时找不到话题，谈话陷入僵局，大家是不是也在为此而烦恼呢？聊天是建立良好人际关系必不可少的环节。如果你一与人说话就感到不安，长此以往难免会开始抵触与别人交谈，更会因此错失很多构筑良好人际关系的机会。

而这本书，可以为你扫除上述所有的烦恼。

本书将逐步、详细地讲解有效提高沟通能力的"基本法则"。举个例子，通常一段15分钟以上的聊天会遵循以下几个步骤。

开场的5分钟	先好好"听"对方说。
顺利畅聊10分钟	稍微"说"一点自己的感想。
轻松搞定15分钟以上	边"问"边展开话题。

其实，聊天非常简单。按照上面的步骤，聊个10分钟、20分钟、30分钟完全不是问题，而且你还会觉得越聊越有趣，越聊越起劲儿。

无论是听别人说话、自己说话还是向对方提问，其实都有窍门。我们来看一些例子。

■ 善用表达共鸣的句子，向对方传达"我也有同感"的信息（p27，p30）。
■ 想不到该怎么回话时可以试试"一定很……吧"的模糊句式（p81，p86）。
■ 平时的行为、日常的习惯是大家都愿意聊的话题（p44，p48）。
■ 没有新话题时，可以巧用"这么说来，……吗"的句式回到刚刚聊过的话题（p132）。
■ 对于自己不了解的话题，就试着提问，让对方当主角（p100）。
■ 向对方提问"假如……时，你会怎么做"，也许会爆料出趣闻，"笑"果十足（p174）。

本书针对如何回话、如何炒热聊天气氛等问题给出了具体可行的建议和方法。书中介绍的大量说话技巧，能够帮助你消除不会聊天、不敢聊天的障碍，让你快速融入朋友圈。可以说，这是一本助你轻松应对各种社交场合的沟通技巧宝典！

好好回话

🗨 秘诀在于"心意相通"

在探讨会话技巧之前,请大家先了解一点:与别人交谈时,相互传达的是彼此的感受。

请一定牢记,聊天并不只是"你一言我一语的接龙游戏",而是"你来我往地传达彼此感受的互动"。

比如,听别人说话的时候,我们需要留意的是眼前这个正在说话的人的"内心感受"。

每个人都希望别人用心聆听自己的心声。有人愿意倾听自己,这会让开心的感觉翻倍,让不开心的感觉瞬间消散。

所以,如果你能留意倾听对方的心声,对方自然就会打开话匣子。如此,你们会越聊越嗨,时间在不知不觉中就过去了。

另一方面,交谈过程中,要试着"袒露一点点"自己的感受。

当你卸下心中的铠甲,对方也会放下戒备,没话找话的尴尬也就随之消失。一旦谈话变得顺畅,有趣的话题就会源源不断地冒出来。

或许这样说感受、心声，会让人觉得有些不知所谓。

如今大多数人由于太忙，可能早已没有闲暇来细细体味自己的内心感受了。如果我们连自己的感受都摸不清，那更遑论理解别人的感受了。

如果你真心想提高说话技巧，就需要让已经断掉的"感受回路"重新接上。通过阅读这本书，我们一起来抓住"袒露心声的诀窍"吧。

所谓"愉快地聊天"，就是心与心的交流

所谓聊天，其实就是互相传递彼此的感受，是心与心的交流。

只要掌握了这个要点，聊天这件事就会变得非常愉快。

其实，若能将你日常生活中的所见所闻及所感说出来，就是能够引起对方共鸣的好话题。

这样聊会产生非常美妙的连锁反应：对方给出积极的反馈，而你越说越自然，聊天的气氛也随之活跃起来。

相信你一定会慢慢卸下心防，敞开心扉，真心地享受与别人聊天的过程。

来我这里培训的学员，最初很多人觉得自己不善交谈，但是通过学习，大家都卸下了心灵的枷锁，满面春风地从我这里毕业了。

本书依次从"倾听能力""表达能力""提问能力"展开说明，为你倾情讲授侃侃而谈的基本法则。

进阶篇中，将进一步介绍与任何人都能聊得来的回话技巧、建立良好关系的诀窍、享受多人交谈的方法，以及让关系更进一步的高阶沟通技巧。

本书中介绍的技巧适用于职场、会议、聚会等各种场合，可以让你在任何环境下对任何人都能应对自如。而且书中总结了很多可以直接拿来用的实用句式，相信你一定会对本书爱不释手。如果有幸能让你的每一天变得更加精彩有趣，我将备感欣慰。

目录

基础篇

第 1 章

掌握"倾听力",一切都如此简单

1. 每个人都希望有人能听懂自己话中的情绪 _ 2

2. 给予适宜的反馈,让对方知道"我在听" _ 7

3. 好的提问,需要先听懂言外之"意" _ 10

4. "共情",从丰富"描述心情"的词句开始 _ 14

5. 通过语调、表情和动作,
   来判断对方希望我们明白什么 _ 16

6. "沉默 5 秒"再开口,
   有效降低负面话题的消极情绪 _ 20

7. 不要将话题引导到"你想听的"方向 _ 22

8. 有共情的"鹦鹉学舌"
才能让对方感受到我们的心意 _ 25

9. 善用表达共鸣的句子，
多备几种回话的句式 _ 27

10. 话题终结？那就再次表达共鸣 _ 30

11. 共享沉默：把沉默当作
下一个话题前的"休息时间" _ 33

第 2 章

巧妙选择话题，让对方情不自禁敞开心扉

12. 什么是让人敞开心扉的话题 _ 36

13. 越是日常小事，越能引起共鸣 _ 40

14. 日常生活中或许会惊现"有趣的段子" _ 44

15. 聊聊自己"无意识的小怪癖"
能增进双方感情 _ 48

16. 天气，任何人都会买账的话题 _ 52

17. 男士的"自嘲"反而会为自己增加魅力 _ 56

目录

18. 有负面情绪时，发发牢骚能减压 _ 59

19. 将平时的情绪和感受记录下来，
    就是一本"话题素材本" _ 62

20. 当你对身边的人敞开心扉，
    鲜活的话题就会不断涌现 _ 64

第 3 章

询问对方的感受，
是让话题倾泻而出的发问秘诀

21. 关注对方的感受，
    以提问的方式引导对方讲话 _ 68

22. 巧问负面情绪：
    "你也有心里不爽的时候吧" _ 74

23. 巧问心事：
    越是"不能说出口"
    的越想说 _ 78

24. 活用避免尴尬的模糊句式：
    "一定很……吧"_ 81

25. 想知道对方的个人信息
    时该怎么办 _ 86

26. 聊到令对方情绪起伏的事时，
    直接问"当时你是什么样的心情"_ 89

27. 巧谈兴趣话题：让对方当主角 _ 92

28. 不要笼统地问"怎么样"_ 96

29. 少问多听，即使是不懂的话题
    也能聊得很开心 _ 100

30. 谈及隐私时，一个询问
    会让对方觉得你很贴心 _ 104

目录

进阶篇

第 4 章

解除"尬聊危机", 任何场合都能用到的回话技巧

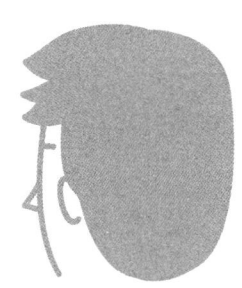

31. 天气话题进阶版——袒露一点点心声 _ 108

32. 配合对方的节奏,留意对方的反应 _ 113

33. 多说一点,让对方容易回话 _ 115

34. 不知道说什么时, 就聊一些关于自己的小事吧 _ 119

35. "体贴小语"营造好气氛! _ 121

36. 与上司打成一片的说话技巧 _ 124

37. 面对不好相处的人, 利用"且战且退"战术 _ 126

38. 与客户、合作伙伴的谈话实例 _ 129

39. 陷入尴尬的沉默时,就从之前 聊过的话题中找灵感 _ 132

40. 实在没话题时,就用这招 _ 135

● 好好回话

第 5 章

肢体语言和打招呼
是建立良好人际关系的秘诀

41. 见面 10 秒决胜负,
    主动打招呼留下好印象 _ 140

42. 通过眼神接触,解除对方心防! _ 143

43. 多打几次招呼,
    再难相处的人也能变亲近 _ 145

44. 对打招呼无动于衷的人,
    那就叫出对方的名字 _ 147

45. 不善言谈者的相亲攻略:
    交流从进入对方视野
    那一刻开始 _ 150

46. 面对朋友的朋友时,
    请这样说 _ 153

第 6 章

享受愉快的交谈，轻松融入圈子

47. 多人交谈与一对一聊天
    其实没有太大差别 _ 156

48. 这样回话可以让气氛更融洽 _ 158

49. 配合其他人的节奏 _ 160

50. 不要只是回答问题，
    不妨与大家分享一些自己的事 _ 162

51. 众人沉默时，回顾以前的话题
    是不错的选择 _ 165

52. 优先选择大家都可以参与的话题 _ 168

53. 避免谈论只有少数人才懂的话题 _ 170

54. 这样的问题可以增强"连带感" _ 172

55. 讲讲自己的窘事，顺势问问别人
    "假如是你，你会怎么做？" _ 174

56. 从邻座开始，逐个攻破 _ 176

57. 无论什么圈子，你一旦被接受，
    就能融入 _ 179

好好回话

第 7 章

让关系更进一步的"高阶沟通技巧"

58. 对细微之处的关心，更容易让人开心 _ 182

59. 从可以用"YES／NO"回答的问题入手 _ 185

60. 谈话时多叫对方的名字，
    能迅速提升好感度 _ 190

61. 在人群中，成为受女性欢迎者
    的秘诀是什么 _ 194

62. 即使是负面的话题，
    也先给予对方认同 _ 196

63. 高级的纠错方式是询问 _ 200

64. 为谈话加些幽默感 _ 203

65. 可以深入发展的朋友，
    那就试着保持联系吧 _ 206

66. 体贴
    比技巧更重要 _ 209

基础篇

第 1 章

掌握"倾听力",一切都如此简单

1 每个人都希望有人能听懂自己话中的情绪

💬 "倾听力"之所以重要的理由

想要成为会聊天的人,就得先懂得"倾听"。

大多数人觉得,想要成为会聊天的人,就必须先拥有高超的表达能力。如果你恰巧觉得自己不具备良好的表达能力,或者与人交流时缺乏自信,那么就从培养自己听人说话的能力开始吧。

或许有的人自认为已经掌握了倾听的能力,但是,为什么当你和别人聊天时还总是会陷入僵局?这就说明,你其实并不具备真正的倾听力。

所谓"倾听力",并不仅仅是听清对方说了什么。

我们来看一个例子。假设你和别人聊天时,对方说:"我是可苦可乐[1]的粉丝呢。"

---

1 可苦可乐:即コブクロ,日本著名流行乐组合。——译注

第1章 掌握"倾听力",一切都如此简单

你平常是怎样聊天的?

对话开始

别人跟你搭话

你因为不知道接下来该说什么而感到焦虑

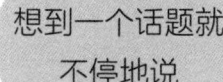

想到一个话题就不停地说

不勉强自己,先听对方讲

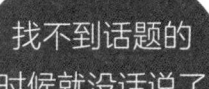

找不到话题的时候就没话说了

对方越说越起劲,聊天进行得非常愉快

一味崇尚表达能力的人此时恐怕会顺着话题滔滔不绝地说起来:"可苦可乐是从街头艺人起家的呢!我也喜欢听街头艺人的歌。"结果,不知不觉自己成了聊天的主导。但是,这样做往往无法让聊天愉快地进行下去。

原因很简单。对方开启了关于"可苦可乐"组合的话题,是因为他自己想说一些关于这个组合的事,结果却被你夺走了话语权,没法接着说自己想说的事了。

如果不能从话语中听出对方的想法和情绪,就会打消对方跟你聊天的热情;对方说得不尽兴,你们聊天的氛围自然就谈不上愉快了。

可见,聊天时比起高超的表达能力,更重要的是听懂并能顾及对方心情的能力。

"谢谢你听我说这些,我感觉好多了"

我们都希望别人"听我说话""理解我的心情",而且不是一般的希望,是"强烈地希望"。

"谢谢你听我说这些,我感觉好多了。"

肯定有人对你这样说过吧。

人就是这样,总希望把自己的心情通过语言表达出来,可以让人听到。因为这样做,开心的感觉会翻倍,而难过的感觉会消解。

倾听力中蕴含着不可思议的神奇力量。

当别人对你说"我想辞职"时,不要急着问"出什么事了""辞职之后怎么打算"之类的问题,而应该把关心的重点放到对方的"情绪"上。比如,你可以说:

"是不是发生了什么特别心烦的事,你才会想要辞职?"

"你一定是工作太辛苦了吧?"

这些关心对方情绪的话语,会让说话的人觉得面前这个人能够理解自己。他会因此感到欣慰,自然也就会主动对你打开话匣子。

心情好了,话题也就能源源不断地冒出来。

接着,聊天的内容可能会慢慢导向某一方的私人话题,双方越聊越深,越聊越起劲。

与其煞费心思地寻找什么有趣的话题,不如多关心一

好好回话

下说话者的情绪。这才是对方希望看到的态度。

这样做不仅可以越聊越开心，甚至还可以得到对方的青睐与信任。

"侃侃而谈"
基本法则 01

也许你会觉得意外，但是我们其实往往不懂得如何倾听。先试着从听到的话语中感受对方的情绪吧。

2 给予适宜的反馈，让对方知道"我在听"

🔍 点头的方式多种多样，你用对了吗

我们已经讨论过，听别人说话时，"仅仅听清对方所说的内容是不够的"。下面请大家思考一个问题：

当你热情洋溢地高谈阔论时，你的听众却很少搭腔，只是面无表情地听着，你是什么感觉？

即使对方将你说的所有内容分毫不差地听进去了，恐怕你也不会觉得开心吧。

因为，我们说话时都渴望看到对方给出一些反馈。

如果对方毫无反应的话，我们很可能会消极地认为，"他对我说的东西不感兴趣"，甚至会觉得"他觉得我说得不对"。

这样一来，你越说越尴尬，最终很可能就虎头蛇尾地结束了自己的发言。

🗨 好好回话

你在听别人说话时会给出明显的反馈吗？

比如，在听别人说话时，你会不会时不时点点头表示"我在听"呢？

善于倾听的人，连点头的方式都能配合对方的情绪而富于变化——时而轻轻颔首，时而郑重点头。

如果说话的人看到你给出的反馈，就会觉得你听得非常用心。

所谓"听别人说话"，并不仅仅是用耳朵听，还需要调动我们的整个身体。

之前，你和别人聊天的时候总是嗨不起来，或许不是因为没有适合的话题，而是你给出反馈的方式有问题呢。

"侃侃而谈"
基本法则 02

多掌握几种点头的方式，配合对方情绪的变化给出适宜的反馈。

第1章 掌握"倾听力",一切都如此简单

一定要好好给反馈!

好的反馈让交谈变得更容易

不良反馈让交谈难以继续

3 好的提问，需要先听懂言外之"意"

Q 对方希望你听到的是什么

说了这么多，下面让我们一起看看究竟应该如何"听别人说话"。

比如，公司里一位同事对你说：

"昨天本来我到点就准备下班回家的，可是被科长叫住了，加了三个小时的班呢。"

这时，你会说什么？

如果你想提出以下问题来推进话题的话，我劝你最好等一等。

"科长找你什么事呀？"

"你昨天本来下班之后是有什么其他安排吗？"

"你当时没找到脱身的借口吗？"

善于倾听的人，在这个时候会把重点放在"对方的情绪"上。

事实上，对方提出这个话题，最想让你知道的并不是"整件事是怎么回事"，而是"他当时的感受"。

这才是恰当的反馈

让我们想象一下：本来觉得可以按时下班回家的那位同事，却被科长叫住加了三个小时的班，他当时心情如何？

不善于表达自己感受的人，在感知别人的情绪方面也会比较迟钝。

如果你正是如此的话，首先请想一想，对方传达的是"积极的情绪"还是"消极的情绪"？如果你觉得是"积极的情绪"，就给一个带积极情绪的反馈；如果你觉得是"消极的情绪"，就给一个带消极情绪的反馈。

显然，前面的那个例子中，对方的情绪肯定是消极的。所以此时你可以"哇"一声，也可以"哎呀"一句，什么

好好回话

都可以，总之你需要让对方了解到，你与他感同身受。

重要的不是你说了什么，而是把你感受到的情绪表达出来。

如果你很清楚当时对方是什么样的心情的话，还可以说得更具体，比如"那真的太烦人了""太倒霉了""科长真的很过分呢"……

这样一来，这位同事就会认为你是理解他的，自然会对你敞开心扉，甚至连藏匿于内心深处的话也会主动对你说。他接下来可能会对你说，"科长太讨厌了"或者"昨天我本来要跟刚刚在一起没多久的对象出去约会的"，等等。

如果你能感同身受地理解并接受对方的情绪，那么他在你面前就能一点点地敞开心扉。

先判断对方的情绪是"积极的"还是"消极的"，然后给予对方适合当下情绪的反馈，比如"哇""太可怕了""真厉害啊"等。

第1章 掌握"倾听力",一切都如此简单

让我们这样表达"感同身受"!

4 "共情",从丰富"描述心情"的词句开始

Q "比开心还开心一千倍"是什么感觉

我们平时太忙了,忙得无暇顾及自己细微的情绪变化,对难过、寂寞等情绪的感知都变得有些迟钝了。

在课堂上,我会让学员们做"倾听训练",让他们从学着体会别人的情绪开始,慢慢地将已经中断多年的感情回路重新连通。

进行倾听训练时,我发现大家虽然都很努力地试着感受别人的情绪,但是总也找不到合适的语言来描述。我想,这可能是因为第一次进行这样的训练,所以还不太习惯。

"请大家想象一下,一个初为人父母的人,他看到自己刚一岁的宝宝学会自己站起来了,会是怎样的心情?"

我这么一问,大家开始想象那是一种什么样的心情。但所有人都支支吾吾,无法找到合适的语言表达出具体的

心情。

好不容易,有人说出来一句"开心",但这还远远不够。

"这里写着'比开心还开心一千倍',对吧?"

我提醒了一句之后,大家又思考了良久,终于有人回答道:"是激动!"

成功找到恰当的语言来描述自己心情的人,脸上不禁露出满足的神情。

倾听训练不仅可以让你学会理解别人的情绪,还可以让你对自己的情绪也有一个更清晰的认知。只要这样一点一滴地不断积累,就可以重新激活你的感情回路。

丰富自己的词汇量,多积累一些表达喜怒哀乐的词语。

5 通过语调、表情和动作，
来判断对方希望我们明白什么

🗨 注意对方的语调和表情

"我今年去赏了五次花呢！"
"哇，赏花呀！"

这个对话中的两个人看起来似乎在"赏花"这个话题上建立了共鸣。但事实上，像这样聊天是聊不出火花的。

因为回话的人给予的回应，其实并没有触及说话人真正希望得到关注的点。

正确的回应是：

"哇，五次呀！"

回话时，我们应该对"五次"这个点给出反应。如果我们注意不到说话人想让我们注意的点，那说话的人就会觉得失望，也就没有继续和你聊下去的意愿了。

第1章 掌握"倾听力",一切都如此简单

听别人说话的时候,我们要随时留意对方的语调、动作,还有细微的情绪变化,努力理解对方想告诉我们的重点究竟是什么。

在上面的这个例子中,说话人为了强调自己想表达的重点,可能在说到"五次"这个词的时候语气比较重,抑或一边说一边伸出手指做了个"五"的手势。

但是,有时我们会很难判断说话人想让我们注意到的重点究竟是哪一个。比如下面这个例子:

"我有一个朋友,五年都没联系了,我们都很喜欢Spitz[1],之前还打算一起去听他们的演唱会,结果打电话订票打了两个小时都没买到票。"

说话人想强调的到底是"与这个关系疏远的朋友时隔五年再次取得了联系",还是"他们俩打算一起去听Spitz的演唱会",还是"打电话订票打了两个小时结果也没买到票"?

一旦我们会错意,没能领会说话人想表达的关键,就

---

[1] Spitz:日本著名乐队,代表曲目有《Robinson》(ロビンソン)等。——译注

会让说话的人觉得扫兴,所以大家一定要小心。

要想准确领会说话人的意图,我们就必须细心留意对方的语调、表情和动作,敏锐地捕捉到对方究竟想表达的是什么。除此之外,别无他法。

但是不论什么时候,有一点是不变的,那就是只注意听清对方说了什么是无法抓住对方想要表达的重点的。所以我们听别人说话的时候,要时刻记得留意对方的情绪。

"侃侃而谈"基本法则05

通过对方的语调、表情和动作来判断他最想说的是什么。

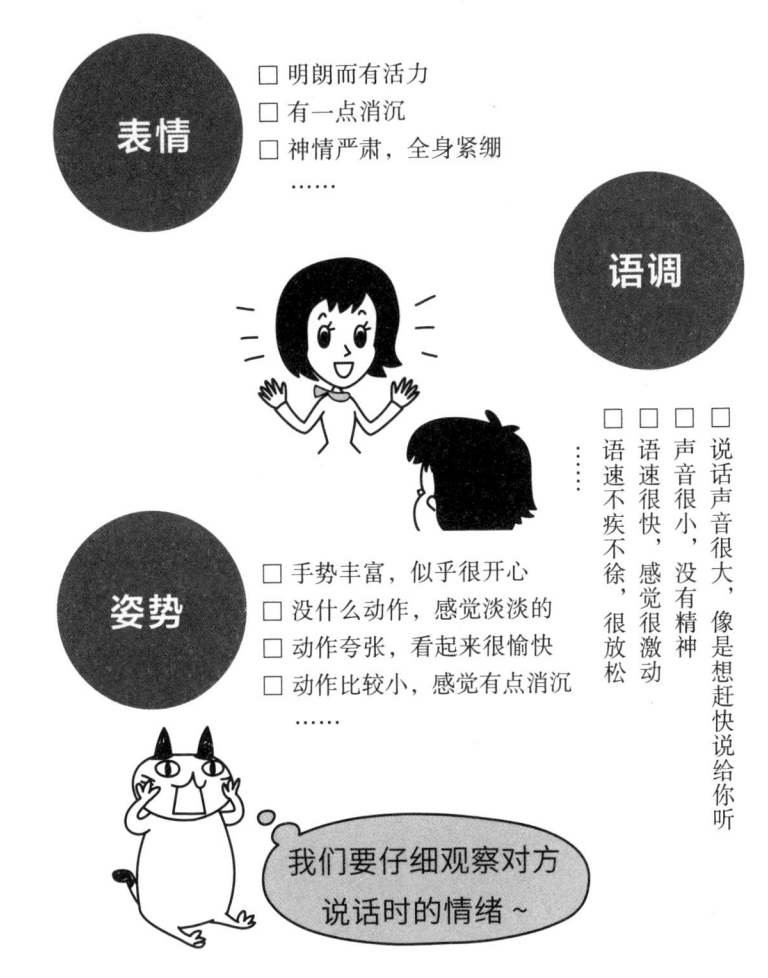

观察要点

表情
- ☐ 明朗而有活力
- ☐ 有一点消沉
- ☐ 神情严肃，全身紧绷
- ……

语调
- ☐ 说话声音很大，像是想赶快说给你听
- ☐ 声音很小，没有精神
- ☐ 语速很快，感觉很激动
- ☐ 语速不疾不徐，很放松
- ……

姿势
- ☐ 手势丰富，似乎很开心
- ☐ 没什么动作，感觉淡淡的
- ☐ 动作夸张，看起来很愉快
- ☐ 动作比较小，感觉有点消沉
- ……

我们要仔细观察对方说话时的情绪～

6 "沉默5秒"再开口，有效降低负面话题的消极情绪

◯ 沉默的技巧：表情镇定，用眼神交流

同事："昨天我本来想到点就下班回家的，结果被科长叫住，加班加了三个小时呢。"

你："哇，你可真是不走运……"

同事："可不是嘛！"

聊到这里，这位同事说了一句"可不是嘛"就不说话了，这时你该怎么办呢？

你不妨也一起沉默。先静静地等3~5秒试试看。

值得注意的是，沉默往往会带来不安情绪，这也许会让你的表情不自觉地紧绷起来。如果让同事看到你这样的表情，他就会感受到负面的气压，你们的对话可能就到此为止了。

第1章 掌握"倾听力",一切都如此简单

所以,不说话的时候你也应该表情镇定,眼神柔和地看向对方,带着询问的表情,就像在说:"那后来怎么样了呢?"然后等着对方开口就好。

同事看到你很放松,自然他也不会焦虑,可以慢慢地思考,这样就为进一步展开话题创造了良好的条件。所以沉默的时候也一定不要忘记给对方一个温柔的眼神。

如果双方都很放松,都能把自己最想说的话说出来,那自然能聊得开心。

"可如果他还是一直找不到话说,我该怎么办呢?"我上课的时候经常有学员提出这样的问题。大家真的是各种不放心啊。如果真的出现大家担心的情况,我们可以活用后面将会提到的向对方"提问"以及"袒露一点点心声"的技巧。不过,在使用这些技巧之前,请一定不要忘了,要先掌握"沉默等待的能力"。

"侃侃而谈"
基本法则 06

聊天时出现了沉默也不要焦虑。先试着等 5 秒左右,等待下一句话自然而然地出现。

7 不要将话题引导到"你想听的"方向

💬 等待对方说重点

善于倾听的人一般都善于提问。你是不是也这样认为？

事实上，真正善于倾听的人更愿意"等待"，而不是主动提问。

当对方真的没有什么话题可讲的时候，我们确实可以通过向他提问来展开新的话题。但是，真正善于倾听的人往往会选择先静静地等待一阵子。

因为"提问"会将聊天的主题引导到提问者"想听的方向"，而这就有可能让话题偏离说话人想聊的方向。

同事："昨天我本来想到点就下班回家的，结果被科长叫住，加班加了三个小时呢……"

你："让你做什么了？"

同事："他让我准备下一次企划会的资料。"

你："啊……可能是因为下次企划会老总也会参加，没办法呀，老板之命不可违，我们社畜的宿命啊……"

这样的聊天走向就非常不妙。因为这位同事本来是有话想说才开口的，结果由于你的提问，对话被引到了别的方向。

也许同事本来想说的是"总是我被叫住加班"，或者"科长白天的时候晃晃荡荡不知道着急，快到下班的时间了才想起来工作，真是烦人"。

所以，我们听别人说话的时候不要突然提问，先听听对方究竟想说的是什么。

同事："昨天我本来想到点就下班回家的，结果被科长叫住，加班加了三个小时呢……"

你："哇，简直太悲惨了……"

像这样，先接住对方的情绪，然后静静等待。如此，这位同事就能自然而然地把自己想说的话说出来了。

> 好好回话

聊天时，如果双方都能把自己想说的话说出来，聊天就会聊得尽兴。更重要的是，跟你聊天的人会因为你愿意听他说话而对你备感亲近。

毋庸置疑，比起那些总是自说自话、不懂得照顾别人的情绪，却自以为"口才好"的人，愿意安静倾听的人更招人喜欢。

"侃侃而谈"
基本法则 07

先判断对话的走向，再开口向对方提问。

8 有共情的"鹦鹉学舌"才能让对方感受到我们的心意

Q 每句话的最后加上一个愉快的语气

在一些教我们如何倾听的书中,经常能看到"鹦鹉学舌"这个词。

所谓"鹦鹉学舌"就是直接重复对方说的话。比如,对方说"我昨天在横滨吃了顿饭",你就说"哦哦,在横滨吗?"

"鹦鹉学舌"是倾听别人说话时需要遵循的一个基本原则,但即使遵守了这个原则,仍不能和别人愉快地聊天,你是否也曾有过这样的经历呢?之所以会这样,是因为机械地重复对方说的话,并不能让人觉得"你真的理解我了"。

对话是情绪的传递,所以当你说"哦哦,在横滨吗"的时候,一定要加上相应的情绪。

> 好好回话

比如你可以带上"真羡慕"或者"真好"的情绪，说一句"哇，是在横滨呀！"句末的"呀"至关重要。

当对方感受到你传达的情绪时，他就能肯定你确实理解他想表达什么，自然就会想跟你继续聊下去。这样一来，你们就不用愁没话聊了。

如果对方觉得你能理解他，就必定会对你抱有兴趣，继而开始向你提问。然后，你们聊天的内容会慢慢向更多的方向展开，交流也会不断深入。到了这个时候你就不再需要什么说话的技巧了。

这一切的关键就在于：你向对方传达出自己的情绪。对话的本质是情绪的传递，只要你牢记这一点，跟谁都能聊得愉快。

"侃侃而谈"基本法则 08

不要机械地重复对方说的话，而应该有意识地、积极地加入符合对方感受的情绪。

9 善用表达共鸣的句子，多备几种回话的句式

避免使用"哇，真要命""真是太好了"

我们在表达共鸣时，用得最多的就是："哇，真要命！"

"今天我要加班呢。""哇，真要命！"
"我家有四个娃。""哇，真要命！"
"我得在一个月之内读完一本 200 页的书呢！""哇，真要命！"

这看起来好像是在用"真要命"一个词敷衍和所有人的对话。

日语中的"大变"（たいへん，"真要命"的意思）字面意思是"发生了很大的变化"，这个词经常使用在发生了很大不幸或者产生了巨大痛苦的场合。比如，"地震把家里的

好好回话

房子震塌了""老婆跑了，必须自己抚养两个孩子"，等等。

然而，不管什么场合都说"真要命"，会让听的人觉得你的回应特别不走心。

我们喜欢听别人说什么？

如果你想要提高说话的技巧，就需要找到一个代替"真要命"的句子。

当有人说"今天我要加班"时，我们可以说，"真是太辛苦了"。

当有人说"我家有四个娃"时，我们不要总往负面去想，如果接一句"你家一定很热闹吧"，应该会让对方很开心。

当有人说"我得在一个月之内读完一本200页的书"时，我们就夸一句"真不愧是你，了不起"。

和"真要命"类似，"真好"这个词也使用得非常多。同样的，这个词也因为使用得过于频繁，以至于这个"好"听起来也没有那么"好"，甚至会让人听着有点扫兴。

当有人说"我37岁了才第一次交到女朋友，而且她人超级好",我们往往会接一句"真好"。但更恰当的做法是,努力地去体会对方的情绪,说一句"好幸福哦"会更好。

如果是你,听到对方说"好幸福哦",肯定会比听到"真好"更开心吧。

聊天时能够活用多种回话句式的人,更能让一起聊天的人感到开心。

所以,我们平时就要多留心积累"表达情绪的方式",注意观察并借鉴别人是如何做的。

"侃侃而谈"
基本法则 09

多积累一些表达共鸣的句子,比如"真令人期待呢""好幸福啊""我拭目以待哦",等等。

10 话题终结？那就再次表达共鸣

💬 再次表达自己的共鸣

对方:"我手机丢了。丢了手机才发现,我竟然记不住自己的手机号。"

你:"哇,那可真是不好办了。"

对方:"对呢,我真是慌神了。"

你:"……"

很好,接下来就是大家最不想见到的"沉默时刻"。

你已经说了"真是不好办了",表达了自己的共鸣,并且沉默了一会儿,等着对方开口。但是,沉默这个东西啊,就是我们聊天必然会出现的"小烦人精"。

如果此时你问对方,"你使用的是哪个运营商的手机号码""你报警了吗"之类的问题,只会让人更心烦,让聊天的气氛陷入尴尬。

这种时候,我们应该先静静地等一会儿,然后再次说一些对对方的情绪能感同身受的话。

如果你一开始说了"真是不好办了",那这个时候可以说"自己的手机号往往自己记不住呢""你当时肯定挺慌的吧",等等。

让我们看看刚刚那个对话的后续。

对方:"对呢,真是慌神了。"

你:"……"

对方:"……"

你:"自己的手机号往往自己记不住呢。"

对方:"对呢,就是说呢。"

你:"你当时肯定挺慌的吧。"

对方:"是啊。后来我灵机一动,想到可以向我朋友问我的手机号。"

你:"对哦,有道理!"

对方:"但是,我朋友的手机号我也不知道啊……"

● 好好回话

像这样，再一次表达共鸣，耐心地等一会儿，就可以引导对方多说一点。以后大家聊天时没有话说了，可以试试这一招。

"侃侃而谈"
基本法则 10

聊天时没话说了，不要强行向对方抛出问题，不妨再次表达"共鸣"。

11 共享沉默：把沉默当作下一个话题前的"休息时间"

💬 看看别处，放松一下

很多人害怕沉默，聊天时一旦出现沉默，就急着想方设法打破僵局。

其实，不论两个人的关系如何，聊天时势必都会出现沉默。

当对方没话说的时候，我们可以通过表情或者眼神让对方知道："没关系，安静地待一会儿也可以。"这样一来对方肯定能够安心，平静地度过沉默的时间。

我们时常听别人这样说："和那个人在一起感觉很舒服。"

这应该就是他们"可以共享沉默"的意思吧。

相反，与不能忍受聊天时有间歇，总是试图找个什么话题出来的人在一起，我们会觉得心累。如果我们把沉默当作"开始下一个话题前的休息时间"的话，彼此都能放

> 好好回话

松，也就有了聊下一个话题的气力。

当沉默出现的时候，不要急，先与对方进行眼神的交流。

如果沉默还在继续的话，不妨把视线暂时移向别处，看看周围的风景。

然后等你们两个人中任意一方找到话题了，再把视线移回对方身上就好。

如果话题中断了，一定不要太责怪自己。首先要放松，请一定要记住这一点。

"侃侃而谈"
基本法则 11

即使没话说了也不要焦虑，不要责怪自己。我们还要用表情和眼神告诉对方"不说话也没有关系"。

第2章

巧妙选择话题，
让对方情不自禁
敞开心扉

12 什么是让人敞开心扉的话题

Q 最关键的是"传达"情绪

在前面的内容中我们已经讲过,好好聊天的关键在于"倾听力"。只要你懂得如何倾听,跟你聊天的人就能说得起劲,你们自然也就能聊得开怀。

接下来,让我们一起看看提高沟通能力的另一个方面——"表达能力"。这里所说的"表达能力"是指善于把握自己和对方的情绪并与人进行沟通的能力。

也就是"敞开心扉聊天"的能力。

回想一下,平时你与关系亲密的人是怎样聊天的?

你们之所以总是有说不完的话,难道不正是因为你们在向彼此传达自己的情绪和感受?其实,注重传达情绪的做法适用于任何关系的人之间。

不过,面对职场上的人,大家可能会对直抒胸臆略有抗拒。确实，我们也没有必要与客户像朋友一样直言不讳。

但是，轻松地拉几句家常，表现出你的友善，赢得亲近感，这样的"表达能力"不论在什么场合都是必不可少的。

而这种"表达能力"的基础正是"敞开心扉"。

不论你们聊的是多微不足道的小事，对方都乐于从中感受到你的"情绪"。

举个例子。如果我们说"谢谢"的时候不带任何感情，对方就不会因为你的道谢而感到开心。相反，只要你把感谢的情绪传达到位了，即使不说"谢谢"，对方也会觉得开心。

聊天并不是你一言我一语的接龙，而是你来我往地传达彼此感受的互动。

◯ "加一点点情绪"就足够

也许有的人听到要"传达自己的情绪"就会望而却步吧。

说到"情绪"，可能大家会联想到"两行泪儿心中流"

好好回话

的悲伤、"怒发冲冠"的愤怒,或者是"问君能有几多愁"的绝望,这些都是极端激烈的情绪。

要是我们平白无故地表达出这类情绪,对方肯定会吓一跳的。

这里所说要传达的"情绪"并不是这些,而是小小的、很可爱的那种。比如像下面这样。

小小的"尴尬"——电车的门就要关了,你正要冲进去,此时电车门在你眼前关上了。而这一切都被车厢里站在门口的人看进眼里,你们四目而视,相对无言。

小小的"轻浮"——在超市排队结账的时候,你不由自主地关注收银员的颜值,挑长得可爱一点的收银小姐姐(或者帅气一点的收银小哥哥)那一列。

小小的"虚荣"——别人问你住的房间大小的时候,虽然你家只有6.5叠[1],却偏偏要说成6.8叠。

如果是聊天时聊起这类小事,谁听了都不会觉得难以

---

[1] 6.5叠:在日本,房间的面积一般用榻榻米的块数来计算,一块称为一叠。一张榻榻米的面积约为1.62平方米。——译注

第 2 章 巧妙选择话题，让对方情不自禁敞开心扉

接受。反而正是因为聊起这样的小事，对方会觉得跟你亲近了许多。

当然，请放心，我并不是要大家把自己内心巨大的阴影或者创伤展示给别人。

刚开始学着敞开心扉聊天的时候，我们可以选择与身边聊得来的人练习，然后慢慢提高难度，跟不熟悉的人也练习这样聊天。我相信大家一定都可以练就一身说话的本领，与谁都能轻松自在地沟通，愉快地聊天。

"侃侃而谈"
基本法则 12

记得在"客观事实"里加上一抹"主观色彩"。

13 越是日常小事，越能引起共鸣

🔍 **一周之内的柴米油盐中藏着说不尽的故事**

与人交流时，哪些情绪是我们应该表达出来的呢？下面就让我们一起来看看其中的奥秘。

在最近一周中，是否有什么事让你"稍稍有点生气"或是"稍稍有点后悔"呢？请试着回忆一下自己这一周中"不够坦诚""有点害羞""比较放松""感觉孤独"，或者"非常开心"的时刻，努力感受你内心深处轻不可闻却又真实存在的声音。

其实，什么情绪都可以拿来聊。让我们用这些情绪作为聊天的素材试试看吧。

细想一下，其实无论什么人，一天之中总会遇到一些稍稍有点动气或者稍稍有点开心的事。关键在于，你是否真的清楚自己情绪的变化。让我们一起来看一个例子。

第 2 章　巧妙选择话题，让对方情不自禁敞开心扉

素材来源于体验

回想一下这一周之内
你经历过的事、
产生过的情绪

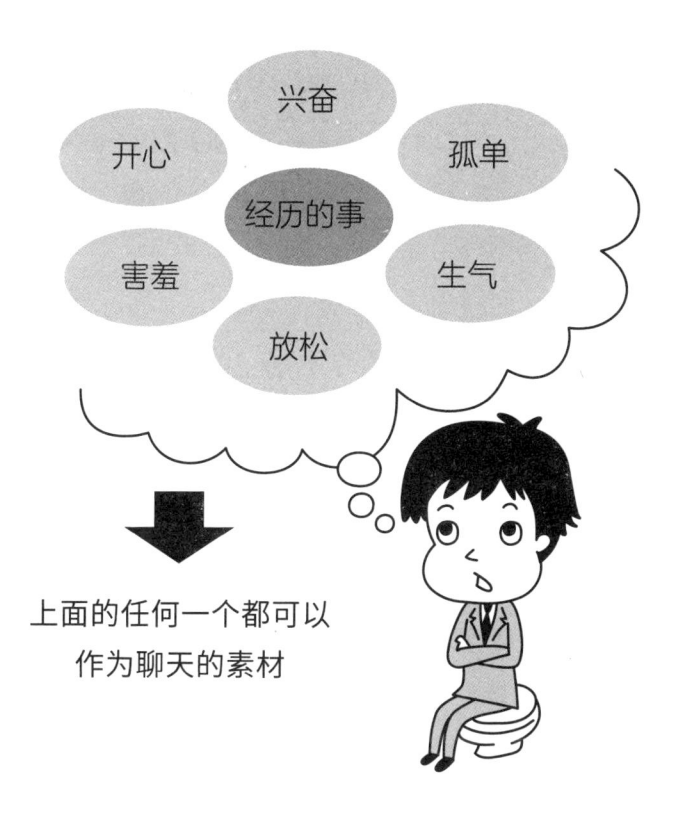

兴奋
开心
孤单
经历的事
害羞
生气
放松

上面的任何一个都可以
作为聊天的素材

41

好好回话

"你在电车上,没有座,车马上要进站了,坐在你面前的人合上了手里的书,并把书放进了包里。"

上面描述的场景,想必大家都不陌生吧。你这时会怎么想?如果是我的话我就会想:"哦呀,这个人要下车了,太好了。"然后让开一点,方便对方起身下车。

但是,如果此时那个人把书收进包里之后,又闭上了眼睛,你又做何感想呢?

你肯定会想:"哈,不下车吗?不是吧!"

而且接着你会想:"不下车就别做这种让人误会的事嘛。"

如果你把这个小段子讲给别人听,我猜一定很有"笑"果:

"上次我坐电车的时候,没有座,车要进站时,坐在我面前的那个人突然把正在读的书一合,收进了包里。我当时心里想,哇,有座了,我今天运气真不错。等车快要停下来的时候,我主动让开一点方便那个人下车,可就在此时,他居然把眼又闭上了。真的是气死我了,没事乱误导人。"

这个小段子可以传达出来的信息很多。比如:你误以为坐着的人要下车,觉得自己终于有座了,结果是自己会错了意,空欢喜了一场;特意给对方让出空间,到头来竟

第 2 章 巧妙选择话题，让对方情不自禁敞开心扉

是多此一举；因对方无意中的误导而憋了一肚子火；等等。

相信我，像这样的"日常悲喜剧"在你身上也可以找到很多。快去试试吧！

"侃侃而谈"基本法则 13

微不足道的小事中其实藏着不错的谈资。比如：

开心 → 买东西的时候多找给我 100 日元的零钱。

不甘 → 女服务员对我态度冷淡，可她对旁边那个帅哥笑容可掬。

生气 → 猪排咖喱饭里的猪排，没有菜单照片里的一半大。

43

14 日常生活中或许会惊现
"有趣的段子"

早上的时间很"戏剧"

如果你认为若非好笑、有趣的事就不足以作为话题，那恐怕就很难找到一个好话题了。

其实，不值一提的小事也可以作为聊天时的话题。

在你的日常生活中就藏着许多妙趣无穷的话题。

比如，你平时从早上起床，到收拾妥当出门，一共需要多长时间？

在我问过的人中，快的10分钟，慢的要两小时以上。平均来看，女性大约需要60分钟，男性大约需要45分钟。

"我平时早上上班，从起床到出家门只要10分钟哦。"

别人听你这样说，可能会惊讶地"哇"一声，然后接着这个话题聊下去。

每个人的生活习惯千差万别，所以每个人每一天的生活中都上演着各自不同的剧本。

即便是你觉得理所当然的日常，在别人眼里也可能是惊天动地的奇闻。而你们之间的差异就可以成为你们的"谈资"。

"10分钟你就解决了吃早饭和上厕所等所有事吗？！"
"两个小时！你都做什么了？"
"你家里人也都跟你一样这么快（慢）吗？"

你看，这个看似不起眼的话题其实也相当有的聊吧？

即使你遇到的都是需要60分钟才能出门的人，那也没有关系。因为每个人的时间分配不同，仔细聊一聊你们就会发现各自的故事。

"我早上就算来不及吃早饭，也一定要画好眉毛。"
"我坐上电车再化妆，所以早上肯定是优先吃东西。"
"我要花30分钟先看看电视。"

虽然大家都在上班时间之前来到了公司，可是在到达公司之前的那段时间，每个人的生活可是大不相同呢。

● 好好回话

◯ "周末怎么过"这个话题就能聊个 10 分钟

"昨天是周末,你怎么过的?"

"我就一直宅在家里,什么也没做。"

你肯定也跟谁有过这样没什么内容的对话吧?其实即便是这种稀松平常的话题,如果多讲一些具体内容,也是能聊很多的。

比如说,如果你周末一直宅在家里,那恐怕连衣服也没换过。

你就可以说:"我从早上起床就一直穿着睡衣,穿了一整天。"这么一说,一整天无所事事的画面栩栩如生,比刚刚那句"什么也没做"形象了许多。

再比如,如果一天什么都没做的话,那也就是说晚上连澡也没洗吧。所以你可以说:"我从早上起床就一直穿着睡衣,穿了一整天,连澡都没洗。"这样一来,你那懒惰的一天就更生动可见了。

又比如,从早上起来一整天没脱下睡衣,连澡也没洗的人,到了晚上睡觉的时间,基本上也就准备继续穿着这身睡衣接着睡觉了吧。

"我从早上起床就一直穿着睡衣,穿了一整天,连澡都

第 2 章 巧妙选择话题，让对方情不自禁敞开心扉

没洗，到了晚上我又穿着那身睡衣继续睡觉了。"

与简单地说一句"什么也没做"相比，把那个什么都没做的一天描述得更具体一些，可以达到完全不同的效果。

所以，当别人问你类似问题的时候，如果不想成为话题终结者，就不要再给出这样的回答：

"我宅在家什么事也没做。"
"我是才入职的新人，在公司还没有什么工作可做。"
"这次的五连休我真的是什么都没做就晃过来了。"

即便真的什么都没做，那也请努力描述一下"究竟是如何什么事也没做"吧。这样可以大幅提升你的聊天技能哦。

"侃侃而谈"
基本法则 14

你觉得一周之中星期几最难熬？压力的来源是什么？冲动购物之下买了什么东西？疲惫的时候如何放松？……

日常琐事中可聊的话题其实非常多。

47

15 聊聊自己"无意识的小怪癖"能增进双方感情

🔍 **旅行、美食、兴趣爱好等,聊什么都 OK**

一说到聊天时聊什么,很多人会在脑海中浮现出旅行、美食、爱好、时尚、运动之类的主题。

可是聊"旅行"的时候,如果只说"我去过……""下次打算去……看看",能进一步展开的话题并不多,想必很多人也都有这个体会吧。

聊天时,无论是说还是听,目的都在于:互相了解彼此是一个什么样的人。因此,我们多留意一下平时自己的行为模式和习惯,会对聊天时展开话题有很大的帮助。

第 2 章 巧妙选择话题，让对方情不自禁敞开心扉

如何展开话题

说话的时候
↓
讲一些让别人可以了解自己性格、人品的事

提问的时候
↓
引导对方讲关于自己性格、人品的事

以旅行的话题为例

注意要神情自然不刻意

例："一般提前多久到达集合地点？"

在最后 1 分钟才到的人→以自我为中心
提早 10 分钟到达的人→踏踏实实
提前 20 分钟以上到达的人→为人靠谱，相对多虑

49

● 好好回话

聊"旅行"的话题时，可以试着想一想自己在旅行时往往会表现出怎样的行事风格。聊天的内容围绕这个主题进行发散，还可以了解到自己平时不经意的一些习惯。

比如，"你在发车前几分钟赶到车站？"

这类话题都是很好的聊天主题。

每个人的习惯都不相同，总的来看，提前15分钟到的人比较多，但是也有人会提前一个小时；而有的人则会在发车前一秒才匆匆赶来，冲进车厢。

如此一番聊下来，我们不难判断对方究竟是一个气定神闲的慢性子，还是说风就是雨的急性子。见微知著，十分有趣。于是对方也会顺着你进一步展开话题：

"要是我的话，一般会提前××分钟到车站。"

"你到那么早，去了做什么呀？"

"你这样掐着时间去，万一有什么突发状况可怎么办呀？"

接下来，问题会一个又一个地涌现，或者联想到一些其他的事情，一句"对了，说起来……"开了头，话匣子就更关不住了，你们自然会越聊越起劲儿。

第 2 章　巧妙选择话题，让对方情不自禁敞开心扉

　　关于旅行，可以聊的话题还有很多，比如，你通常会带一个很大的包，还是轻装简行呢？这也是轻松有趣的话题。

　　从一个主题发散开来聊，很是有趣。

"侃侃而谈"基本法则 15

　　从"日常习惯"展开的话题——当……的时候，我会……

　　旅行→当出去旅行的时候因为比较放松，我早上能连吃三碗饭呢；因为太兴奋了，我会从出门前一周开始就兴奋得晚上睡不着觉。

　　美食→吃自助的时候，如果我拿得太多吃不完，我就会想偷偷把剩下的藏进包里呢！

　　运动→当我喜欢的队赢了比赛的时候，我会不停地看相关新闻，兴奋得睡不着。

16 天气，任何人都会买账的话题

💬 "降水概率是多少的时候你出门时会带伞？"

我要告诉大家一个万能话题——无论何时跟谁都能聊得起来。

"天气"，是任何人都会买账的话题。

"下雨天，你是会带伞的人吗？"对于这个话题我们就有不少可以聊的话。像天气这种能跟所有人聊的话题有一个特点，那就是能引起大多数人共鸣，并且能通过聊这个话题看出一个人的性格。

"外面看起来好像要下雨（还没开始下雨）。天气预报说降水概率高于百分之多少的时候，你出门会带伞呢？"

聊这类话题，既可以看出彼此的性格，还经常会引出意想不到的趣事，氛围会很融洽。

第2章　巧妙选择话题，让对方情不自禁敞开心扉

一般来说，降水概率在30%~40%时出门会带伞的人比较多。

但是，也有人很勇敢，"只要当时没下雨，出门就绝对不带伞"。因为他们觉得带伞很麻烦，宁可淋雨。

下大雨的时候，如果看到有人淋着雨走在路上，你可能会在心中推测："哦，这位肯定是个嫌麻烦的主儿。"

这类人恐怕家里堆着十多把便利店卖的那种透明塑料伞——都是下雨时临时买的。有点浪费呢。

相反，即使是降水概率为零的大晴天，也有人会在包里放一把折叠伞，以备不时之需。

这种有备无患的人在降水概率超过40%的日子里，甚至除了包里的折叠伞之外，还会另拿一把长伞在手里。

为什么这样做呢？我颇感好奇，曾询问过原因。

结果我得到的回答是："因为长伞容易忘在哪里。"真是操不完的心啊。

从这些小事很容易看出一个人的性格，这样的聊天内容也会成为我们愉快的回忆。

"××场景下，你会如何做？"这一话题模版的用法，大家掌握了多少？

● 好好回话

只要抱有多了解自己、寻找自己与他人不同的好奇心,就一定能找到很多类似的话题。

"侃侃而谈"基本法则16

我有"××场景下会如何做"的其他几个例子:

"出门在外的时候突然下起雨来,你能忍多久不去买伞?"

"出门之后想起来忘了带伞,离家多远之内你会回去取?"

"如果把伞落在车上了,伞的价格在多少钱以上时你会给失物中心打电话?"

第 2 章　巧妙选择话题，让对方情不自禁敞开心扉

畅聊天气

各种各样展开话题的方法

晴天
夏日炎炎，突降大雨，你能忍多久不去买伞？

多云

雨天
马上要到梅雨季节了，所剩无多的晴天，你将如何度过？

降水概率达到百分之多少的时候你出门会带伞？

30%以上的话我会带一把折叠伞。

只要早上出门时没下雨我就不带伞。

17 男士的"自嘲"反而会为自己增加魅力

◯ 与女性朋友聊天出现冷场时

想必有不少男士都苦于不知该与女性朋友聊什么。

对于有这类苦恼的朋友,我通常会给出这样的建议:"如果能巧妙地把自己没有异性缘的事编成段子讲出来,你一定能大受欢迎。"

"不够完美"也是一个人的特色。一味强行掩饰,反而会失去自己的个性。

绝大多数人都或多或少有自卑心理。一个人在我们面前毫不掩饰自己的不足之处,而且善于自黑解嘲的话,我们会觉得自己也没有必要遮遮掩掩的,聊天的气氛自然就会变得轻松。

比如,一位男士曾这样跟我吐槽:

"到了周末,几乎不会有人给我发邮件。但我还是忍不住隔一会儿就查看一下,甚至一天查五次,结果次次都如我所料,还真的没人联系我。感觉自己被世界遗忘了,我可能就是传说中的天煞孤星吧。"

事实上,哪怕是这种有点小丢脸的事,只要大大方方地讲出来,也能博人一笑。

让人捧腹的"废柴谈"

我们都有很多的不足之处,比我们自己以为的还要多。硬要掩饰的话,自己真实的情绪就无法好好表达出来,甚至连最基本的与人对话也做不到了。

与掩饰自己内心的人交往,是一件非常令人不安的事。因为那样的人是无论何时都不会向你敞开心扉的。

不过,我们也没有必要突然向别人哭诉"我觉得大家都不喜欢我"之类,我们可以从更具体一点的事入手,比如:

"有好几次,我好不容易用手机打了一大段字,结果在马上就要完成的时候,不小心碰到哪里把所有内容都

好好回话

弄没了。"

"我一把年纪了,还是很怕鬼。"

像这样从具体的情况聊起就可以。当你可以与人畅谈自己的不足之处时,你就拥有了一个真正自由的灵魂。你甚至会觉得不可思议,为什么如此简单的道理,之前一直没有意识到呢?

"侃侃而谈"基本法则 17

可以让自己看起来更有魅力的实例:

没有异性缘→ 我专门为"第一次"精心准备了一套内衣,可没有约会对象,一直也没机会穿。最终,公司组织旅游的时候穿去了。

不喜欢自己的工作→ 我一想工作的事就肚子疼。

没钱→ 这一周我吃了三顿清汤面。

18 有负面情绪时，发发牢骚能减压

💬 "怒气"也可以拿来聊

从前面的内容中大家已经了解到，表达能力与把握情绪的能力密切相关。

事实上，如果一个人把自己与自己的情绪切割开，就会看不清自己的本心，进而找不到可以对别人说的话。

举个例子，公司里一位前辈指责你说：

"这点小事你都记不住吗？你也给我差不多点吧。到底是谁把你这么个没用的人招进来的？"

即使你表面上道歉说"对不起"，心里恐怕也是不太满意吧。

被别人的无心之语中伤，你的内心其实已经怒火中烧了吧。

但是，你认为"怒气是不好的"，强行压了下去。

好好回话

接着，你开始自我心理建设："我不是个爱动怒的人""都是我自己不好，不能怪人家""人家也是为了我好才这么说的"。

结果，你就会渐渐看不清自己的内心了。

试着把牢骚话说得云淡风轻

当你感到生气的时候，不要无视自己的情绪，请直面自己的内心。被前辈骂得狗血淋头的时候，你可以跟你的恋人和朋友倾诉："今天又被那个前辈说了一顿，对，就是那个跟科长搞婚外恋搞得很有压力的那个。真是气死我了。"

很多人都以为"大家不喜欢听别人发牢骚"，但当我们把发牢骚的话说得云淡风轻一点，大多数人对此也会付之一笑的。

只要"怒气"不发展成暴言暴行或是阴暗的报复心，就是一种可以尽情体味的情绪。请大家千万不要压抑自己的天性。

除此之外，悲伤、嫉妒、优越感等情绪也都是一个道理。

发乎于心的情绪也是你自身的一部分，是最真实的你。

强行压制反而会给自己造成心理压力，与人交往时也会加倍疲惫。让我们平时多加练习，学着合理地表达自己的情绪吧。

"侃侃而谈"
基本法则 18

不要压抑怒气，爽快地把它讲出来。

19 将平时的情绪和感受记录下来，就是一本"话题素材本"

Q 与职场上的人可以这样聊

通常在职场上，我们跟大多数人都是"聊个两三次，就没话可聊了"。

其原因在于，最初我们可以聊"在哪个公司工作"，或者做个"自我介绍"，交换彼此的基本信息；聊聊爱好、旅行、运动之类的话题当然也没有问题。但是这些不痛不痒的话题总会说完的。

要解决这个问题，我们就必须成长为懂得如何表达情绪的人。我们与其他人本来就是在一次次的见面中逐渐熟悉起来，一点一点敞开心扉，慢慢让可聊的话题多起来的。比如：

"第一次见面的时候，光从面相看觉得您可能有点不好接触，但是现在我真心觉得多亏了您的坦诚直率，我才可以这样开诚布公。"

第2章 巧妙选择话题，让对方情不自禁敞开心扉

"之前承蒙您的帮助，我才意识到自己的问题。今后也请您务必多多指教！"

诸如此类，哪怕对方是工作上的合作伙伴或是客户，也肯定不会对你的肺腑之言感到不快的。

如果是工作关系之外的人，也有很多可以和他聊一聊的话题：工作上出了失误，不知道应该在什么时间点向上司汇报；在回家路上经过的一家店，遇到了我正在暗恋的人；等等。

我之前的一位男学员曾这样说道："一个月中约会的次数保持在一两次就可以了。因为这样可以让彼此有时间缓冲，各自积攒一些聊天的话题。"也正是这位学员，随着说话技巧的不断提高，已经完美克服了自己所有的问题。现在他一周约会三次也不会觉得没话说，还顺利地找到了携手一生的伴侣。

"侃侃而谈"
基本法则 19

制作一个"话题素材本"，随时记录自己的情绪和感受。

20 当你对身边的人敞开心扉，鲜活的话题就会不断涌现

◯ 不回避与人接触，就会有"故事"

我们听别人说话的时候，最喜欢的莫过于听一些真人真事了。

讲述自己亲身经历的事，会让讲述者越讲越带劲；而绘声绘色的讲述，也容易让听的人有身临其境之感。要想找到这类生动的话题，关键还是要多与人接触。

但是，如今人与人之间越来越冷漠了。我听学员说过，他在搬家之后特意登门拜访邻居，谁知邻居却说："如今哪还有人搬家之后来跟邻居打招呼的呀。"我在东京问路时也常常被人无视。

虽说是与人接触，但也不是说只有积极主动地去帮助别人才算有接触。听听朋友向你倾诉的烦恼，给不认识的人指指路，在公交上给老人让让座，这些都是与人接触。

在与人发生接触的时候能够心里不抵触、不嫌麻烦、不躲避，勇于与别人接触，就足够了。

比如说，给老人让座的时候，如果只是淡淡地说一句"您坐"，或者干脆从座位上起身连个眼神接触都没有，这样是不行的；而是要带着微笑，投给对方一个温柔的眼神，轻轻地说一声"您坐这儿吧"。当对方回答"不用了"的时候，你可以接着问一句"您坐到哪站呀"；如果对方要去的地方很远的话，你就可以说"挺远呢，您还是坐吧"，这样对方也就不会再跟你客气了。如此，人与人之间就能产生联结，甚至还会发生有趣的故事。

公交中的愉快小插曲

那是几年前的事了。有一次我坐公交，看到一对步履蹒跚的老夫妻相互搀扶着上了车。

我起身让座，伸手想扶那位老爷爷一把，结果老爷爷哈哈一笑，握住了我的手。原来他误以为我是想跟他握手呢。

过了一会儿，两位老人准备下车。我又坐回刚才的位置。

● 好好回话

就在这时,老奶奶把手伸进包里摸索了一阵。然后她伸出手,手里抓着什么,塞到了我的手中。

当时我心里想:"她这要是给我钱可就不好办了呀。"我接住一握,放心了。老奶奶抓给我一大把糖,然后下车走了。坐在我旁边的一个小姑娘见了,"扑哧"一声笑了出来。

如果我们总是回避与人接触,恐怕很难出现这种愉快的小插曲吧。在与人接触的过程中,我们会积累各种各样的经验。

所以,请大家务必多多给自己创造一些这样的体验。

"侃侃而谈"
基本法则 20

没有比亲身经历更有趣的话题了。请积极主动地与身边的人多多接触吧!

第3章

询问对方的感受，
是让话题倾泻而出的
发问秘诀

21 关注对方的感受，以提问的方式引导对方讲话

💬 "5W1H"提问法的局限性

当聊天的话题渐渐展开之后，可以主动提一些问题，让聊天的内容更进一步。

一说到提问题，可能很多人会想到5W1H（"时间when""地点where""人物who""做什么what""怎么做how""为什么why"），通过这些问题可以对事情整体有个大致的了解。

"5W1H"提问方式通常用于信息的了解与收集。面对第一次见面的人、相识尚浅的工作上的客户或者合作伙伴等，说一些不痛不痒的事情时，5W1H的提问方法确实非常好用。

第3章　询问对方的感受，是让话题倾泻而出的发问秘诀

打开话题的提问技巧

对话开始

首先，认真听对方讲

⬇

慢慢地，聊天聊开了

通过提问了解对方更多信息　还不熟练的时候先从 5W1H 的问题开始就 OK
（时间、地点、人物、做什么、怎么做、为什么）

⬇　看准时机，变换问题

引出新话题　询问对方的感受

● 好好回话

但是,基本信息都清楚了之后,再依靠 5W1H 就难以继续展开话题了。

下面让我们一起来看一个例子,学员在做"倾听训练"时,一位男学员向女学员一口气提出了下列几个问题:

"这里的男学员哪个年龄段的人比较多?"
"大家在这里学习多长时间了?"
"你最先进行的是哪方面的训练?"

当问到第五个问题时他就气喘吁吁,不得不放弃了。

通过"针对信息的问题"对别人的情况有一定程度的了解之后,就没有东西可问,聊天也就戛然而止了。

而且对方在回答针对信息的问题时,往往会说得比较简短,所以提问的人就不得不马不停蹄地准备下一个问题。这样一来,聊天只会越聊越痛苦。

第3章　询问对方的感受，是让话题倾泻而出的发问秘诀

聊天过程中可以引出新话题的对话实例

试着用语言描述对方的"感受"

> 最近三个月，我每天六点起床出去跑步哦！

> 哇哦，六点就起来了吗？你好有毅力啊。

> 刚开始虽然挺困的，但是渐渐地会感觉很好。

> 嗯，是、是的呢。

> 好厉害，你好能坚持

71

● 好好回话

💬 如此回话，保你越聊越嗨！

那么，怎么样才能提高我们的提问技巧呢？

我的建议跟之前是一样的。提问题的时候，多关注对方的感受，这样一来对方的反应会截然不同。

我们在受到某种刺激之后会打开思路，在心里铺展开一连串的情节。一旦情节铺展开来，话题就会源源不断了。这个时候即使你不刻意做什么，也绝不会冷场。

所以，我建议前面提到的那位男学员可以这样提问：

"这些训练肯定挺不容易的吧？"

"相当需要毅力的吧？"

女学员听他这样问，自然就会开始讲自己学习过程中的艰辛和收获。接下来，这位男学员只需要时不时"哈"一声或者"哦"一下，聊天就能愉快地进行下去，而且话题会一个接着一个地冒出来。

由此可见，提问的诀窍就在于——引导对方讲话。

接下来，他们聊得越来越多，共鸣越来越强烈，男学员注意到，女学员的情绪是"愉悦"的。这时，他可以说："这种说话技巧的训练真的是受益匪浅呢。"

女学员说："是啊，男士们聊天聊得顺利的时候也肯定

第3章 询问对方的感受，是让话题倾泻而出的发问秘诀

相当开心吧。"

一旦女学员问出这样的问题，那就说明男学员已经成功地敲开了对方的心扉。

如果你不擅长观察别人的内心感受，那么可以在5W1H的基础上，适当地穿插一些"感受"要素。单单这样，就可以让对方的反应产生巨大的变化。

"侃侃而谈"
基本法则 21

多询问对方的感受，这样一来话题就会源源不断。

22 巧问负面情绪："你也有心里不爽的时候吧"

Q 有些事平时不能大大咧咧地问

通过阅读前面的内容，我相信大家已经都清楚，要想聊天聊得嗨，就要把提问的焦点放到对方的感受上。接下来，让我们再来挑战一个新的问题。

让我们来聊聊"负面情绪"吧。

前面的章节中我们已经说过，不擅长聊天的人本质上是习惯压抑自己内心情绪的人。他们压抑的情绪具体是什么呢？正是愤怒、悲伤、寂寞等负面情绪。

大家往往觉得，对于负面情绪我们避之唯恐不及，所以认为"绝对不可以问别人这些"是无可厚非的。

但事实上，负面情绪越是强烈，就越是不可以强行将其压抑在心里。而且出人意料的是，负面情绪其实比正能量更有的聊。

第 3 章　询问对方的感受，是让话题倾泻而出的发问秘诀

比如，我们可以向前面出现的那位女学员（参见第 72 页）这样提问：

"有的人挺不好相处的吧？"

你这样一问，女学员一定会回你一个大大的笑容，以及无尽的吐槽。

"你也有想破罐子破摔的时候吧？"

"你也有觉得自己肯定做不到的事吧？"

如果能这样提问的话，一定能爆出不少笑料十足的趣味话题。

负面情绪往往不容易宣之于外，在内心又找不到出口，只得积存于心中。

如果有人问及我们内心深处的这些情绪，我们自然就会顺势把郁结于心的负面情绪都倾诉出来。因为其实每个人都希望有机会把那些深埋心底的事倾吐出来。

当然，即使前面提到的那位女学员对"你也有想破罐子破摔的时候吧"的问题表现出强烈的共鸣，也并不意味着她真的会破罐子破摔，所以大家不用太担心。

我偶尔也有觉得"坚持不下去"的时候。但为了我的

75

> 好好回话

学员们,即便是那样的时候,我也会振作起来,继续努力,好好上课。

◯ "你也有心里不爽的时候吧" 这个问句很好用

"你也有心里不爽的时候吧?"我认为这句话十分好用。

不论是谁,每天面对家人、恋人、朋友、上司、下属、客户,还有陌生人,难免会有觉得不爽的时候。但是生活要继续,我们只好将这些不爽都压下来。而这些情绪就慢慢地在我们心中堆积起来。

"有一些客户让你不爽吧?"

"在公司会有一些让你心里不爽的事情吧?"

"我知道你老公人挺好的,但你有时候还是会跟他生气吧?"

初次见面就问别人这种问题可能过于唐突,但是稍稍

第3章　询问对方的感受，是让话题倾泻而出的发问秘诀

闲聊过一阵之后，再提出这些问题的话，大多数人都会跟你打开话匣子，话多到让你怀疑人生。

事实上，当我在课堂上提出这些问题时，基本上所有人都会表现出强烈的共鸣。大家深吸一口气，做好准备，然后一口气倾吐出积压在心底的种种情绪，停都停不下来。

请大家一定试一试这样做。相信你一定会发现，将焦点放在负面情绪上，可以找到更多可聊的话题。

"侃侃而谈"
基本法则 22

问及对方的负面情绪，特别是问"你也有心里不爽的时候吧"时，对方会忍不住对你讲很多。

23 巧问心事：越是"不能说出口"的越想说

◯ "你也有觉得受不了的事吧？"这一句最有效

巧问"负面情绪"，可以让人觉得暖心，进而不由自主地对你讲很多心里话。

我们每个人都既有正面情绪又有负面情绪，这是再正常不过的事。强行要求自己"不能这样想""不能表现出来"，只会使我们身心俱疲。

因为我们平时都习惯了压抑自己的负面情绪，所以如果突然有人问："你也有觉得受不了的事吧？"我们肯定会激动地点着头说："是的是的，当然有！"

你是不是也有觉得受不了了、想放弃的事呢？如果你能发现自己的这些情绪，瞬间就会变成话痨，也会变得善于倾听。

工作、家务、育儿、通勤、应酬、应付上司、陪男

第 3 章 询问对方的感受，是让话题倾泻而出的发问秘诀

（女）朋友，甚至还有人提到家庭和人生等重大的问题，这些都有可能是负面情绪的来源。

不过，还能用语言把负面情绪表达出来，就说明你还没有自暴自弃，大家请放心。或者说，正是因为可以通过语言倾诉，我们才能够不抛弃不放弃地坚持努力下去。

"哎呀，我真的是不想带小孩了！"这类的话，只要你还能将其宣之于口，就能够将心情从消极的负面调整到积极的正面。

如果你问大家："有时候简直想辞职不干了吧？"大家肯定都会大大地点头说："是的是的！"然后纷纷开始讲个不停。

"我有时甚至会想，如果家庭也可以抛开不管，我真想撒手不管了呢。"

这类话题，相信绝大多数中年男士都非常愿意聊一聊。

"是不是有的时候会想放弃整个人生呢？"

你这样一问，肯定会有很多人表示同感。

对了，我曾经有一次坐地铁的时候，已经走到进站口才突然想起来忘了带地铁票，那个时候真的是想放弃人生了呢。

● 好好回话

🔍 聊这类话题时需要注意的地方

聊这类话题的时候有一些需要注意的地方。那就是，不要在工作的地方说"不想工作了"，也不要在对方妻子在场的时候说"想放弃家庭"之类的话。

其中的原因不言而喻吧。所以，这类话题，当与话题有关的人不在场的时候，可以聊一聊。

比如说，在酒吧这样远离职场的地方，对熟识的同事说："我有的时候真的不想继续工作了呢！"这样就没有问题。

再比如，公司聚会的时候，上司喝得微醺，此时你可以试着问一句：

"科长平时带着我们，肯定也有受不了了的时候吧？"

说不定你还能见到科长与平时不同的一面哦。

"侃侃而谈"
基本法则 23

"你也有忍不了了的时候吧？"

"你也有想撒手不管的时候吧？"

这样问一句，对方便可能将郁结于心的抱怨一吐为快。

24 活用避免尴尬的模糊句式："一定很……吧"

◯ 不把天聊死的必备句式

"上周,我去旅游了。"
"哦哦,玩得开心不?"

其实,这样的问题会让对方很难回答。

你肯定也有过犹豫着不知道该如何答话的经历吧。

碰到这样的问题,我们会努力找些"开心的事"来说,但是因为范围被限定了,所以其实很难想到适合的话讲。

没办法,最后只得说一句"啊,嗯,还行",草草地结束这个话题。

会聊天的人就不会这样问,而是向对方提一些更有回答空间的问题。

他们会用"……吧"这样的模糊问句。

大家应该也注意到了,本章中已经多次出现这种模糊

好好回话

句式。

如果你说"一定挺开心的吧",对方就会觉得,他不仅可以对你讲"开心的回忆",还可以跟你说一些"不太开心的回忆",以及"突发事件",等等。

这样一来,对方回答时受的限制少,思考空间自然更为自由,思路也更宽广。

这个句式还可以用在开始一个新话题的时候

这个句式在"开始一个新话题"时也非常好用。

当对方还没想到说什么的时候,你可以带着"聊什么都可以"的态度,试试像下面的例子中这样问。

比如,你遇见了一个许久未见的朋友,与其问"最近忙吗",不如说"最近挺忙的吧";对寒冬中冒雪前来拜访你的客人,与其问"外面冷吗",不如说"外面挺冷的吧"。

同样的,对于从事十分费神的工作的人,与其问"工作费神吗",不如说"工作挺费神的吧"。后者的说法更容易让对方回话。

第3章 询问对方的感受，是让话题倾泻而出的发问秘诀

💬 "不方便问"的事可以这样说

这个模糊句式在询问一些难以问出口的事时也非常好用。

举个例子。假如，通过聊天，你可以感觉得出对方的收入应该不低，但是也不好直接开口问："您一年的收入是多少？"这时，你可以说：

"您一年赚得挺多的吧？"

如果你这样模糊地问，对方可能会看情况，酌情回答你的问题。

因为模糊的问句中，包含着一个谦恭的态度——"我的问题您方便回答的话就回答，不方便的话不说也没关系"。所以，对方不会觉得受到强迫，可以自由轻松地回应，所以这个句式十分方便。

● 好好回话

以下哪个问话会让对方愿意接着聊下去?

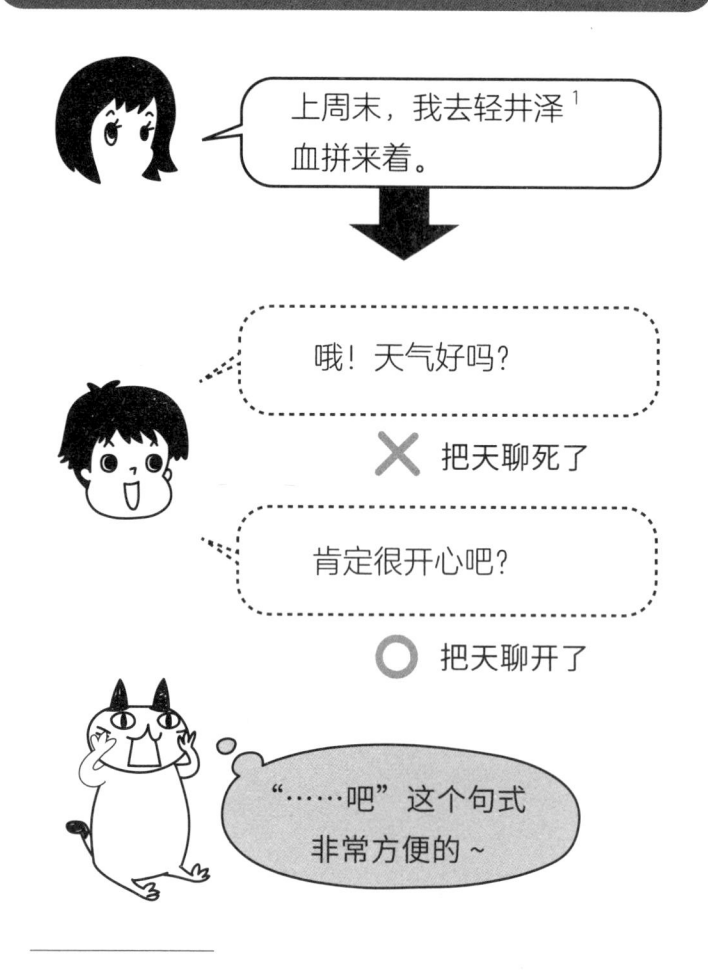

> 上周末,我去轻井泽[1]血拼来着。

哦!天气好吗?

✗ 把天聊死了

肯定很开心吧?

○ 把天聊开了

"……吧"这个句式非常方便的~

---

1 轻井泽:轻井泽位于日本长野县,是日本比较有名的避暑胜地,其附近有号称日本最大的奥特莱斯购物广场。——译注

第 3 章　询问对方的感受，是让话题倾泻而出的发问秘诀

面对心仪的异性，与其直接问对方"你有没有正在交往的对象"，不如迂回地问："你这么优秀，肯定有一位同样优秀的男（女）朋友吧？"问得委婉一点，比较容易得到你想知道的答案。

所以，掌握了这个模糊句式，可以避免让对方觉得尴尬，从而帮助你建立良好的人际关系。

"侃侃而谈"
基本法则 24

不要一上来就直截了当地问对方"……吗"，活用模糊句式"……吧"，问得委婉一些。

25 想知道对方的个人信息时该怎么办

◯ 这个时候用"……吧"句式也会有好效果

不会聊天的人在提问题的时候，往往存在不能很好顾及对方情绪的问题。对刚刚认识的人，突然就单刀直入地问"你喜欢旅行吗""你会喝酒吗""你喜欢阪神队吗"[1]这类问题显得过于唐突，让对方觉得像是突然有把刀架在了脖子上，受惊之余都不知道该回答什么才好。

如果此时对方回答说："啊，不，我平时不大旅行。""我不大喝酒。""啊，我不太看棒球。"那你们接下来恐怕就没什么可聊的了。

但如果你用的是"……吧"的句式，语气相对委婉，对方会觉得你在试探着慢慢靠近自己，回话也就容易一些。

---

[1] 阪神队：阪神老虎棒球队，日本职业棒球联赛中最具影响力的球队之一，总部位于日本关西的兵库县。——译注

第3章 询问对方的感受，是让话题倾泻而出的发问秘诀

"女孩子一般都喜欢旅行的吧？"

"您应该挺能喝的吧？"

"您是关西人，那肯定是阪神队的支持者吧？"

这样问的话，哪怕对方回答"不"，他也会再多说一些，比如：

"以前我还挺常去旅行的，后来，经常和我一起去旅行的好朋友结婚了，我出去旅行的次数也变少了。"

对方之所以会讲出这样的附加信息，是因为感受到了你的体贴，相应地，他也会回应你。体贴的态度，可以让两个人的心更贴近，可以聊的话题也就越多，这个道理不知道大家是否理解了呢？

"侃侃而谈"
基本法则 25

善用"……吧"句式，柔和地提问，可以帮你开启一段愉快的交谈。

● 好好回话

和初次见面的人见面怎么聊

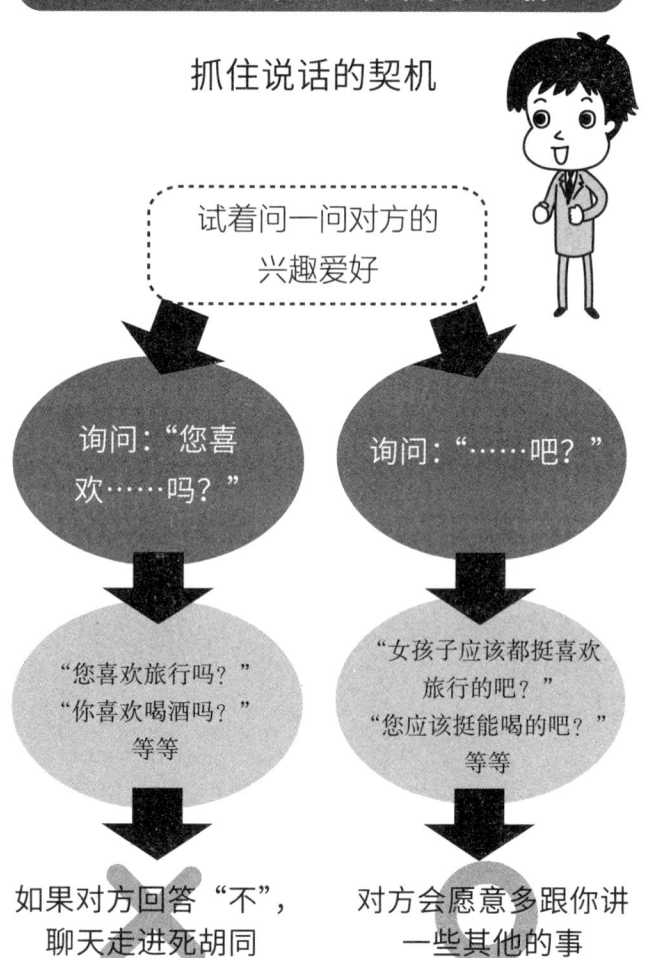

抓住说话的契机

试着问一问对方的兴趣爱好

询问:"您喜欢……吗?"

"您喜欢旅行吗?"
"你喜欢喝酒吗?"
等等

如果对方回答"不",聊天走进死胡同

询问:"……吧?"

"女孩子应该都挺喜欢旅行的吧?"
"您应该挺能喝的吧?"
等等

对方会愿意多跟你讲一些其他的事

26 聊到令对方情绪起伏的事时，直接问"当时你是什么样的心情"

◯ "参加了某个大型活动"之后是个好时机

"我家宝宝第一次自己站起来的时候，我正好看到了！"
"我一直暗恋的人跟我表白了！"
"我今年的年终奖是去年的两倍呢！"
"我高尔夫打进了 80 杆以里！[1]"
"我喜欢的棒球队在最后一刻被翻盘，被淘汰出局了！"
…… ……

对于像上面这些情绪出现巨大起伏的人，有一个问题非常好用。那就是：

---

1 国际标准的 18 洞高尔夫球场的标准杆是 72 杆。——译注

好好回话

"……的时候,你是什么样的心情呢?"

对方刚刚经历了巨大的情绪波动,他或许经历了一些我们难以想象的故事。

因此,问一句"当时你是什么样的心情呢",可以将话语主导权交给对方,对方聊天的兴致也就随之高涨起来。

"昨天,我家宝宝第一次自己站起来的时候,我正好看到了!"

"哇!肯定特别激动吧,你当时心情如何?"

"我暗恋了很久的人,前几天突然跟我表白了!"

"哇哦!太幸福了吧,当时你是什么心情?"

"昨天,××棒球队在最后被翻盘,被淘汰出局了。我在电视上看的时候觉得好遗憾啊。"

"好可惜啊……被对方翻盘的瞬间,你心里是什么感觉呀?"

像上面这些例子一样,从对方的话中如果可以明确知

第 3 章 询问对方的感受，是让话题倾泻而出的发问秘诀

道他产生情绪起伏的时刻，就可以直接询问："当时你是什么样的心情呢？"否则，就需要有技巧地指出一个对方情绪变化的时间点。

比如，对方告诉你："我是第一次去澳大利亚潜水呢！"这时如果你直接问"你是什么样的心情"的话，会让对方很难回答。

恐怕对方只会回答一句"感觉很棒"之类。

这种时候，你应该将"某一瞬间"明确地指出来，比如可以说："你在澳大利亚的机场从飞机上下来的那一刻，心里是什么感觉？"或者："潜水之前，你站在海边时心里是什么感觉？"

怎么样，是不是觉得自己的聊天技能升级了不少？

"侃侃而谈"
基本法则 26

如果对方经历了让心情剧烈起伏的事，不妨试试马上询问他"当时你是什么样的心情"。

27 巧谈兴趣话题：让对方当主角

Q 认为跟喜欢时尚的人就聊时尚的话题，那就大错特错

女士："周末的时候，我经常出去逛街，看看衣服和饰品什么的。"

男士："哦，原宿那边新开了 H&M 和 Forever21 呢，你去过了吗？"

女士："嗯，去过一次。但是那边人太多了，没法好好逛。"

如果我说上面对话中的这位男士是个不会聊天的人，可能很多人会觉得诧异吧。

聊天的时候，如果坚持认为自己应该就对方提出的话题加以展开，就会出现像上面这个例子一样的情况。

就这个例子来说，要想后面聊得开心，恐怕会比较困难。

因为这个例子中，女士明明在说"喜欢逛街看看衣服和饰品"，可男士却将话题引向"原宿新开了 H&M 和 Forever21"，把话题的主导权抢到了自己这边。

跟喜欢时尚的人聊时尚的话题就好了——如果你这么想，那就大错特错了。

Q 让人觉得开心的关键点在这里

与人聊天的时候，只要记得始终让对方掌握主导权，就能做到跟谁都能开心畅聊。

比如，面对"喜欢逛街看衣服和饰品"的女性，可以像下面这样，试着问一些让她能掌握主导权的问题。另外，如果能把焦点放在对方的情绪上，可以说就是抓住了聊天的关键。

"一边走一边看着各种款式的衣服和饰品，肯定特别开心吧？"

"看衣服和饰品的时候，你会想些什么呢？"

● 好好回话

"女孩子逛街的时候,是不是感觉有男孩子跟着特别累赘呀?"

如果成了聊天的主角,就更容易把控聊天的方向,想说的话也就能自然而然地说出口了。

再比如,面对喜欢看棒球比赛的人,你大可以问他:"你喜欢的球队现在排名第几?""一郎[1]的击球命中率是多少?"此外,还可以试着问一问:

"你喜欢的球队取得胜利时,那种感觉一定很幸福吧?"
"你会因为喜欢棒球而不自觉地做一些什么事吗(比如不停浏览体育新闻,在车站买体育报,等等)?"

说不定,对方会告诉你一些你意想不到的事哦。

面对平时炒股的人,与其聊"现在的平均股价"之类没营养的话题,不如问一问:"股票价格上涨和下跌的时候,分别给你的心情和生活带来什么样的变化(比如,股

---

[1] 一郎:铃木一郎,日本传奇棒球选手。——译注

第 3 章 询问对方的感受，是让话题倾泻而出的发问秘诀

票上涨的时候，心情大好，容易乱花钱，等等）？"请大家试着这样问问看。即使你自己不炒股，也能体会到一些炒股的刺激感哦。

如果在聊天时让对方当主角，你们不仅可以聊得起劲，对方还会对你抱有好感，从而更愿意与你聊天。

"侃侃而谈"
基本法则 27

针对对方提出的话题，试着问一问对方关于这件事的想法和感受，让对方成为谈话的主角。

28 不要笼统地问"怎么样"

💬 **如果你问"怎么样",
只会得到一句"还行吧"**

即便是和熟识的人聊天,也会偶尔出现话题突然中断的情况。我们一起来看一个例子:

"我去了最近很出名的那家法国餐厅。"
"哦哦,怎么样呀?"
"还行吧。"

大家觉得如何?你是否也遇到过这种话题终结的尴尬呢?

要说导致话题终结的原因,大概是因为你问了一句"怎么样",而这个问题让对方完全不知道该如何回答。

而且,"怎么样"这个问题中还带有"我想不到该问什么才好，你自己好好说吧"的含义，这也会让对方觉得不好招架。

聊天的时候，应该通过向对方提问以及主动提出新的话题，相互刺激，从而不断共同展开话题。

那么，像前面这个例子中的情况，我们应该如何向对方提问呢？

通过前面章节的学习，我相信大家已经掌握了一些聊天的技巧：

- 能引起共鸣的问题
- 关注对方的情绪
- 让对方当主角
- 适当的沉默

让我们运用这些技巧，一起思考一下，什么样的问题可以让对方打开思路。

我们可以像下面这样，询问一下对方的心情：

"有没有体会到一种有钱人的感觉？"

● 好好回话

"看了菜单上的价格,你作何感想?"
"那个餐厅最让你期待的是什么?"

或者,说一说"吃西餐的礼仪挺复杂的吧"之类,说不定还能跟对方学到一些西餐礼仪。只要你问的是一些让对方容易打开思路的问题,你们就会越聊越起劲。

○ 巧妙地询问不好开口的事

对于工作上的事以及一些不方便开口说的事,我们可以运用一些小技巧让对方打开话匣子。

比如,你想知道合作商新产品的销售情况,但是不好直接问"那个产品卖得怎么样",这个时候,可以委婉地说:"那个产品已经开始发售了吧?"

如果对方不想多聊此事的话,他可能会含糊地回答说"啊,嗯"之类。所以这样提问就比直接问"卖得怎么样"更能顾及对方的感受,留有余地。

又比如,上司的孩子参加了某个考试,比起直接问

第 3 章 询问对方的感受，是让话题倾泻而出的发问秘诀

"孩子考得怎么样"，不如说"孩子终于考完了，可以放松一下了呢"，这样一来上司也更容易回话。

我本人也觉得，比起被别人问"您写的书销量如何"，我更愿意别人对我说"您的书已经出版了吧"。后者的说法更委婉，我也更愿意多说一些。毕竟，书卖得好不好什么的，作者自己也说不清楚的嘛。

请大家务必试试这种更委婉的问话方式哦。

"侃侃而谈"
基本法则 28

采用容易让对方打开思路的问法。以下是对方说"我前几天去了趟公共浴池"时，应该如何提问的例子：

"去公共浴场泡个澡，肯定感觉不错吧？"
"去公共浴池，最让你觉得惊喜的是什么？"
"最近公共浴池有各种各样的优惠活动吧？"

29 少问多听，即使是不懂的话题也能聊得很开心

问题一定要简洁

很多人都认为聊天时最让人发愁的事，是碰到自己不了解的话题。但是，之所以认为说到自己不熟悉的领域时就不能好好聊天，是因为你对聊天本身有一个误解。

这个误解就是，自己也必须说出与对方等量的信息才可以。

举个例子。如果对方正在聊关于"摄影"的事，你是不是就觉得自己也必须把自己所知道的摄影知识都说出来才行呢？

事实上，此时对方的想法却是"希望你听我聊聊关于摄影的事"，换句话说，"希望你给我机会，让我聊聊摄影"。

所以，当对方说"我最近开始摄影了呢"的时候，你可以回应一句：

第 3 章 询问对方的感受,是让话题倾泻而出的发问秘诀

"哦!摄影呀。"

先表现出对这个话题感兴趣,然后沉默一会儿,带着"然后呢,然后呢"的神态,等着对方开口继续说就好。

遇到自己不熟悉的话题时,可以试着"鹦鹉学舌"地重复对方的话。当然,也不要忘了让说话语气结合自己的情绪变得更生动丰富一些。

其实,归根结底,只要我们做到前文中提到的"听别人说话时应有的样子",就可以了。

如果对方并没有继续往下说,你可以试着提问。

首先按照 5W1H 来提问:"你开始摄影有什么契机吗?""什么时候开始的?""你买的相机大概多少钱呀?"等等。接下来,可以运用前面讲的"把焦点放到情绪上"和"让对方当主角"的提问技巧。

● 好好回话

无论聊什么话题都可以用的句子

对方主动开口

⬇

"我最近开始炒股了……""我开始练瑜伽了……""我最近开始研究烹饪了……"

首先，表示对这个话题感兴趣

⬇

"哇，是……吗？"

然后，把焦点放在对方的情绪上

⬇

"开始……的话，感觉会忘了时间呢。"
"喜欢……的人，什么类型的人比较多呢？"
"你什么时候认为自己有……这样一个爱好真是太好了呢？"

---

1 炒股：在日语中，"股"和"芜菁"（大头菜）同音，因此容易把"炒股"错听成"炒菜"。——译注

第3章 询问对方的感受,是让话题倾泻而出的发问秘诀

"你肯定特别宝贝自己的相机吧?"

"喜欢摄影的人,什么类型的人比较多呢?"

"你有没有什么时候,感觉庆幸自己有摄影这样一个爱好?"

像这样提问的话,即使自己没有相关领域的知识,也可以依靠这些问题打开思路。

我们要时刻牢记"将话语权放在对方的手中",抱着听对方讲的心态。这样,即便是自己不熟悉的话题,也能聊得开心。

而且我们还可以把听别人讲过一次的话题记下来,自己的知识储备就会不断得到拓展,能聊的话题也会越来越多。所以,以后再遇到不了解的话题时完全不需要害怕哦!

"侃侃而谈"基本法则 29

遇到自己不熟悉的话题时,就安静地当个倾听者吧。

30 谈及隐私时，一个询问会让对方觉得你很贴心

💬 对方主动提及的都可以聊

"关于对方的个人隐私，可以聊到什么程度呢？"

你是否也抱有这样的疑问？

近 20 年来，大家对个人隐私的保护意识越来越强，都不大愿意别人讲自己的事。若不是关系特别好的话，一般是不会聊起自己的隐私的。

但是，随着关系亲密起来，聊天的时候对方有时也会主动提到一些自己的私事。

而这也就意味着这个人对你敞开了心扉。那你也大可以积极地提一些问题。比如，对方说："前几天，我去相亲来着。"

这时，你可以问一问对方对"相亲"和"结婚"的看法。

因为正是对方自己想聊这个话题，才提到这个事的。

所以你完全没有必要觉得"结婚"和"相亲"之类的事是隐私中的隐私，担心问太多会失礼。

第 3 章　询问对方的感受，是让话题倾泻而出的发问秘诀

难得对方主动提到了这么私人的话题，你应该把这当成跟这个人关系更进一步的良机，好好听听他怎么说。

用"我可以问问关于……的事吗"来试探对方的反应

最后，我还有一个建议，那就是要学会察言观色。

通常，对平时就表情丰富的乐天派来说，不可说的秘密会比较少。这样的人即使你不问，他也会主动讲很多自己的事。

相反，平时表情不多话也比较少的人，你肯定也不会觉得可以跟他深入聊很多私人的事。不过，这都是"通常"的情况，我们还要具体问题具体分析。

有没有正在交往的对象（是否已婚）、年龄、住在哪里、从事什么工作、学历等，聊天时难免会聊到这些。完全不聊这些的话，两个人的距离也很难拉近。

为了不把场面弄尴尬，我们可以试试下面这个问法：

"我可以问问关于……的事吗？"

● 好好回话

"你介意我问问你结没结婚吗？"
"我可以问问你的工作吗？"
"可以问问你的年纪吗？"

如果这时对方言语含糊的话，那就是不可以问的意思。

其实，大多数人远比我们以为的要不拘小节。

在我的课上，有人在回答"可以问问你结没结婚吗"的问题时，说："我结过婚。"结果"笑"果非常好。

请大家不要把不可侵犯的个人隐私的范围设定得过宽。

外向的人，他身边的朋友也大都外向；而内向的人，他周围的人也大都心门紧闭。大家觉得哪种人的人生更快乐呢？

让我们不畏失败，积极地与人打交道吧。这样你才会真切地感受到人生的诸多乐趣。

"侃侃而谈"
基本法则 30

问一句"我可以问问关于……的事吗"，给对方选择回答与否的余地，会让人觉得很贴心。

进阶篇

第4章

解除"尬聊危机",任何场合都能用到的回话技巧

31 天气话题进阶版——袒露一点点心声

◯ 这个话题谁都愿意聊

很多介绍沟通技巧或是教我们如何相亲的书上都说："聊天的首要秘诀在于找到共同话题。"

但是这个说法恐怕已经过时了。如今，大家的兴趣爱好五花八门，很难找到一个与自己的兴趣点完全一致的人；而且随着互联网的飞速发展，我们的交友范围已经扩展到全国，碰巧遇上一个与自己的出生地或者毕业院校相同的人，这个概率低之又低。

为了快速找到自己与对方的共同之处，可能有的人会一上来就询问人家的血型、星座等。你如此急切地想要拉近与对方的距离，反而让对方不知所措。

其实我们大可不必这样勉强寻找共同点，因为有一个话题可以帮助我们快速与对方建立共鸣，而且保证跟任何

第 4 章 解除"尬聊危机",任何场合都能用到的回话技巧

人都能聊得开心。

这就是第 2 章已经提到的"天气"的话题。

这个话题不论在什么场合都可以轻松地跟别人攀谈起来。比如像下面这样:

"今天天气真好啊!"
"今天下午好像有雨。"
"今年也过得好快啊,还有不到一个月就是新年了呢。"

这样一开头,后面任谁都能接着跟你往下聊。

接下来是最关键的。当对方回复"嗯,对呢"或者"还真的是呢"之后就没话了,后面可能会陷入让人尴尬的沉默。

所以也有人在聊天时尽量回避"今天天气真好"之类的话题。但其实,通过不同的话题展开方式,我们有很多办法让聊天顺利进行下去。

Q 隐私话题简而短

"今天下午好像有雨呢。"

● 好好回话

"啊,好像是呢。"

聊到此处,接下来该怎么办呢?下面,我要告诉大家一个能让聊天继续下去的独门秘籍。

在第 2 章中介绍过如何敞开心扉的聊天技巧,即"袒露一点点心声"。以上面这个"下雨"的例子来说,我们可以在"下午好像有雨"这句话之后,围绕"下雨"这个话题,稍微聊一点关于自己的事。

"我的衬衣不够多,如果之前洗的干不了,那我可就麻烦啦。"

这样做可以将"我想和你多聊聊"的信号传达给对方,也让对方更容易回话。

对方可以顺着你提到的"衬衣不够多"和"之前洗的衣服干不了就没有衣服穿了"等内容继续展开话题。这种"袒露一点点心声"的说话方式可以引发对方更多的话题,话题多了,自然就不会冷场了。再比如,接下来对方可能会说:

第 4 章 解除"尬聊危机",任何场合都能用到的回话技巧

冷场时的危机化解攻略

> 今天下午好像有雨呢。

> 啊,是吗?

↓

简短地加一点关于自己的事

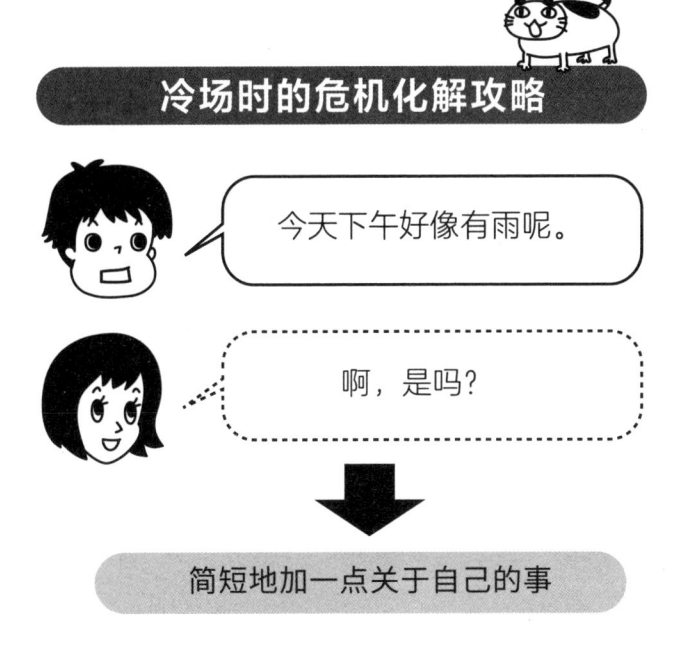

"我忘了带伞……可再买一把伞又觉得有点不划算呢。"
"突然下起雨的时候,超市往往有特价商品哦!"

> 下雨的时候超市的熟食会打折呢。

> 是某某超市吧,我也常去那里。

111

💬 好好回话

"我才刚刚入职,还需要穿一阵子正装,不像你,穿日常便服来就好了(译注:通常,日本公司里刚刚入职的新人在前几个月需要每天穿正装西服上班)。"

"我也是,现在家里还晾着好多衣服呢。真的是挺烦的,总是下雨。"

可能有人会担心:"如果我说自己衬衣不够多,不知道别人会怎么看我"。

其实真的没必要担心这么多,绝大多数人对于不影响到自己的事都是很宽容的。而且,坦率地表露出自己想法的人会让人觉得容易亲近。比起摆出一副"没话可聊"的态度,直白一点更可爱。

"侃侃而谈"
基本法则 31

聊天气的时候,加上一句"我新买的鞋(或者包)被雨淋了,好伤心啊"。聊日常生活的时候,加上一句"这周我忙成狗,一周没吃过午饭了"。诸如此类,稍微跟对方讲一点关于自己的事情吧。

32 配合对方的节奏，留意对方的反应

💬 等待对方开口

在前面的内容中我们已经看到，提到共同话题之后，应该围绕这个话题，简短地讲一点关于自己的事。之所以要简短，是因为我们需要试探对方的反应。比如：

"我的衬衣不够多，之前洗的没干的话就麻烦了。"

说了这些之后停顿一下，看一看对方是否对这个话题感兴趣。

这也就是所谓留出对方与你协调节奏的时间。

如果此时你只顾自己说，对方就只有静静地等着你说完的份儿了。

恐怕等你把自己想说的都说完了，你们的谈话也就到此为止了。

因为对方会觉得你只顾自说自话，根本没有给他插话

● 好好回话

的机会，他跟不上你的节奏，自然没有心情跟你多聊了。

但是如果你给对方留出反应的时间，对方就有可能对你讲一些自己的看法。比如：

"哎呀，那没有能穿的衬衣了你怎么办呀？"
"我刚开始工作的时候，买了三件衬衣替换着穿呢。"

交谈中，双方的角色在说话者和倾听者之间不断转换，随着话题不断深入，双方的心也会慢慢贴近。

所以请大家记得留出"协调彼此节奏"的时间，给对方留出思考和反应的时间。

"侃侃而谈"
基本法则 32

简短地说一些自己的事，然后留意对方的反应。

33 多说一点，让对方容易回话

🗨 对方一直沉默时的对策

如果对方也是一个不善言谈的人，他应了你一句"是呢……"之后，也许就没有后话了。这个时候，你就可以多讲一些"关于自己的小事"。

"今天下午好像有雨呢。"
"啊，真的呢。"
"我的衬衣不够多，之前洗的没干的话就麻烦了。"
"是呢……"
"要想周一到周五都有的穿，还是至少准备五件衬衣比较好呢。"
"哦呀，你的衬衣不到五件吗？"
"是啊。所以如果经常下雨，或者加班回不了家的时候，就很麻烦呢。"

如果你能够多说一些细节，对方就不至于依然没话说。顺利的话，对方或许还会主动问你一些问题，跟你分享一些他自己的经历。

如果对方依然沉默，那就试试这样问

如果你已经遵循以上步骤做了，却仍然没有打开对方的话匣子，那该如何是好？这样的话，你或许只能选择结束这个话题。但事实上，我们还有一个挽救的办法——我们可以顺着当前的话题，向对方提问。

"……所以一直下雨的时候，还有因为加班回不了家的时候就很麻烦呢。"

"是啊……"

"您总是衣冠楚楚，即便是一直下雨的时候，也不会遇到没有衣服可穿的问题吧？"

第4章 解除"尬聊危机",任何场合都能用到的回话技巧

就算是再不善言谈的人,被问到关于自己的事时,也不至于仍然无话可说吧。所以这个时候,他也可以自然而然地加入你们的聊天中来了。即便如此,对方仍然不愿开口的话,要么是对方真的非常不善言谈,要么你就需要反思一下自己是不是有什么做得不妥的地方。

比如,你是不是只注意说话而忽视了说话时的语气?或者你是不是没给对方留出足够的反应时间,是不是和对方没有眼神交流?这些都可能会让对方感到不安。

又或许你没有向对方传达"你可以慢慢来""我会等你的""一起聊聊啊"的信息,反而把自己焦急的心情传达给了对方。

你不妨回想一下,是否因为过于害怕聊天时出现沉默而使得自己表情僵硬,是否摆出了一副咄咄逼人的表情,等等。然后,一个问题一个问题地解决。

在熟练掌握沟通技巧之前,你可以先试着找身边的人练习,慢慢提高说话的水平。当你积累起一些成功的聊天经验之后,还可以挑战一些看起来不太好聊天的人,试着跟他们聊一聊。

● 好好回话

"侃侃而谈"
基本法则33

实例四则：袒露一点点心声，然后向对方提问

"我最近在外面吃饭的次数减少了"→"加班费被削减了，我只能自己在家喝罐装啤酒了。"→"您看起来很能喝，平时自己在家也喝酒吗？"

"最近我开始在周末去健身房健身了。"→"外面的健身房一小时500日元，挺划算的呢。"→"您应该挺爱运动的吧，平时经常做什么运动呢？"

"我周末的时候一般都宅在家里。"→"如果赶上店里租DVD半价，我会忍不住一下子租回来好多。"→"您看起来是喜欢户外活动的人，应该很少宅在家里吧？"

"果然去现场看比赛会很开心呢。"→"在现场看的时候，感觉自己也被周围激动的情绪感染了呢。"→"您好像很喜欢棒球，会去现场看比赛吗？"

34 不知道说什么时,就聊一些关于自己的小事吧

◯ "是的"后面,多加一句

"公司离你家远吗?"
"是的……"

过分在意如何回答容易造成紧张心理,反而想不出该说点什么才好。你是否也有这样的苦恼呢?

其实,在回答别人提问的时候,"袒露一点点心声"这一招也非常好用。说了"是的"之后,不妨试着多说一些"关于自己的事"。比如:

"是的,差不多需要一个半小时呢。冬天我出门上班的时候外面还是一片漆黑。"

"是的,大概要50分钟左右。要是能早出门十分钟的

> 好好回话

话电车就没那么挤,可我总是起不来。"

像这样加上一点点自己的具体情况,会让对方觉得"这个人很想和我聊天""这个人很重视我"。同时,你说得越具体,对方可聊的内容也越多,你们更容易聊下去。

这个时候也一定要遵守前面所说的原则——"关于自己的事要说得简短,看看对方什么反应"。

当然,千万别忘了协调彼此的节奏。只有双方都有聊下去的意愿,共同创造话题,你们才能聊得开心。

"侃侃而谈"
基本法则 34

想不到说什么好时,那就聊一些关于自己的小事吧。

35 "体贴小语"营造好气氛!

Q 这是最佳时机!

最近,感觉大家越来越少说体贴别人的话了。

体贴,是指当别人感到"辛苦""艰难""困惑"时,能够给予对方体谅和安慰。

比如,与别人约会时下起了雨,这时你可以问对方一句:"有没有淋湿啊?衣服和包没事吧?"看似简单的一句话,却可以让对方心头一暖,并且觉得你是个"会说话的人"。

如果你善于讲安慰人的话,对方会更容易放松下来,你们就能在轻松愉快的氛围中畅聊了。

除了上面这个下雨的例子之外,顶着炎炎的烈日、冒着隆冬的严寒、穿过呼啸的大风还有大老远地特意过来等,这些都是你体贴对方的绝佳时机。

好好回话

说"你好"打招呼之后，再加一句："今天挺热的吧？"对方肯定也会回你一句："是啊，真是挺热的呢！"

这样一来，对话自然展开，不知不觉你们就已经聊得火热了。我猜很多人都有过类似的经历吧。

注意，当你向别人表达体贴之意时一定要用"……吧"句式。"真热啊"这种感叹句可是起不到任何作用的哦。

职场上也一样能使用的聊天技巧

事实上，当我们和上司聊天的时候，这个技巧也可以派上用场。

比如，在酒会等场合，你可以对上司说：

"科长，您也经常被我们搞得挺头疼的吧？"
"比起我们这些平头员工，科长您要辛苦得多呢！"

科长听你这么一说，说不定会会心一笑，对你讲一些心里话哦。

第 4 章 解除"尬聊危机",任何场合都能用到的回话技巧

现代社会中,每个人或多或少都会感受到不同程度的压力。领导有领导的烦恼,普通员工有普通员工的烦恼。因此,除了体贴上司外,我们还可以这样体谅下属和后辈:

"你肯定也有心里不舒服的时候吧?"
"进社会后,很多事都与你之前以为的不一样吧?"

听到这样的话,别人肯定会觉得"这个人理解我",心中的不满会稍稍消减,压力也能得到一定程度的缓解。

在你安慰别人的时候,你们之间的交流就建立了起来,在带给别人治愈和安慰的同时,还能营造出一个愉快的氛围。请大家一定努力掌握这个技巧!

"侃侃而谈"
基本法则 35

以简单的问候开始你们的对话,一句"挺热的吧""你到这儿来挺远的吧""路上花了你不少时间吧",让对方感受到你的体贴与关怀。

36 与上司打成一片的说话技巧

💬 **打招呼之后，再多说一句吧！**

"我也想每天到了公司，开始工作之前，可以跟上司简单地聊几句，但是每次都因为找不到合适的话题就不了了之了。"

我时常听到学员说起这样的烦恼。如果你已经将本书读到了这里，相信你已经学到了很多聊天的技巧。所以不需要顾虑太多，尽可以大胆地尝试和上司聊几句。

早上到公司，先和上司说"早上好"打个招呼，接着试着聊一聊天气，比如说一句："今天早上挺暖和的呢！"

这时上司可能会说："嗯，是的呢。"然后，你还可以接着聊一些自己的事情：

"昨天晚上睡觉的时候我把被子都踢了。"
"现在穿长袖的话会有点出汗了。"
"我都看见有的姑娘开始穿半袖了。"

稍微聊一些开放性的话题，看看上司的反应如何吧。

此时，上司可能会说：

"嗯，我也是啊。"

"还是女士们好啊，可以穿裙子，等天气热起来咱们穿着这西服可真是够受的。"

这时你可以回以比较夸张的反应，或许会引发什么话题，总之先看看上司接下来会说什么。

切记，千万不要做出一副"我一定得说点什么"的焦虑神情。

像这样简单地交流一下，你也许会意外地发现上司不为人知的可爱一面，这样你以后遇到困难、需要帮助的时候，也更容易对上司开口请求援助。所以，明天早上就试着跟你的上司搭个话聊聊天吧。

"侃侃而谈"
基本法则 36

记得在聊天气的话题时，试着聊一些"开放性的话题"。

37 面对不好相处的人，利用"且战且退"战术

Q 慢慢拉近距离

总有一些人，让你觉得不好相处。

如果那个人还是你工作上必须接触的人，那么可能每天都会倍感压力。虽然有点难，但是我还是建议大家鼓起勇气，试着跟那个你觉得不好相处的人聊聊天。

一旦聊起来，你也许会发现，其实那个人没有你想象中那么不好相处。

不过，因为之前你们不曾好好说过话，所以你需要一个自然一点的开场白。

比如，遇到"台风即将登陆""突然而至的寒潮""难耐的酷暑"等自然环境突然发生变化时，注意到对方有所变化（换了发型、穿衣风格变了等）时，以及最近发生了

什么热点新闻时，这些都是很好的机会，从这些话题入手，试着跟对方搭话吧。

"今天真是热得让人怀疑人生啊！"
"哈哈，是呢。"
"热得都起雾了，远处的东西看起来模模糊糊的。"
"嗯，对啊。"
"我住的房子是一个三层小楼的顶楼，夏天的时候房顶晒得不行，热得要命。"
"哦，这样啊。"

所谓"不好相处的人"，其实就是"对你说的话没有反应的人"。就像上面的例子一样。

如果不论你说什么对方都没什么反应的话，我就建议你不要再继续说了。你可以告诉自己，能和他稍微聊两句就很好啦，然后以"是的呢，那回头再聊"结束聊天，笑着走开。这样也不会给对方造成什么麻烦。

接下来你可以每隔几天就找他随便聊几句，一点点地

好好回话

拉近你们之间的距离。就好像拳击比赛中常见的"且战且退"战术,打一拳就退下来,试探对方的反应。

慢慢地,对方可能也会主动找你搭话。这样的话,也就说明彼此的距离在慢慢拉近,关系慢慢变得亲密了吧。

"侃侃而谈"基本法则 37

一开始能聊上两句就好,不必勉强,慢慢地一点一点拉近你们之间的距离吧。

38 与客户、合作伙伴的谈话实例

🔍 开启和继续一段对话的技巧

与工作上的客户还有合作伙伴聊天的时候,不论是话题的选择,还是"袒露一点心声"的聊天技巧,基本上都和之前讲的大同小异。

关键在于,从天气开始聊起,然后慢慢向公司和自己的事情展开。

"您好,一直承蒙贵公司关照。"
"哪里哪里。"
"眼看着就到夏天啦。"
"嗯,是的呢。"
"我们公司的空调一直设定在28度,超级热。这就好像是在告诫我们,你们做销售的不要在公司里待着似的。"

● 好好回话

"28 度！这也太热了吧。"

"所以我一回到家，就把空调的温度调到 18 度。"

"哈哈，那也有点太冷了吧。"

"因为在公司热够了啊，哈哈哈。对了，今天请您过来是因为……"

不要觉得跟有工作关系的人就不可以聊工作以外的话题。

当然，黄段子和一些无聊的话题还是不说为好。但是即使是工作场合，也同样可以在聊天的时候稍稍讲一点关于自己的小事。

工作上接触的人也同样是人。就像前面的例子中看到的，随着你一点点敞开心扉聊起自己的私事，对方也会慢慢给你回应，告诉你他的感受。长此以往，你们之间就会建立起超越工作关系的亲密情谊。这样一来，你在工作上有什么不情之请的时候也更容易向对方开口了。

有一位经常来我们公司送快递的姑娘，她笑起来特别灿烂，还特别会说话。

"我昨天才知道土豆放久了是会长芽的。看到有的土豆长芽了,那一瞬间我真想伤心地大哭一场啊。"

她一面说着,一面把快递拿给我们,还顺便成功地把他们公司代销的当季商品(这次她带过来的是土豆,还有玉米、拉面、春笋等)卖给了我们。可见,沟通能力真的是非常重要呢。

"侃侃而谈"
基本法则 38

试着跟工作上的伙伴聊一聊自己公司的趣闻以及自己生活中的趣事。

39 陷入尴尬的沉默时，就从之前聊过的话题中找灵感

这样可能会引出新话题

"我总害怕和别人聊天时说着说着就没话说了，所以很少主动跟别人搭话。"

有这样想法的人似乎不在少数。

所以，我想向大家介绍几个冷场时的应急办法。

假设我们在聊天的时候，突然陷入了尴尬的沉默。

这个时候要沉着冷静，平静地看着对方并询问："你有什么想说的吗？"只有在身心放松的状态下，聊天才聊得尽兴。

千万不要胡乱地责怪自己。如果你因为自责而把头低下或是露出郁闷的表情，对方可能会觉得你在怪罪他。这会让对方觉得很不安。

如果等了一阵子，对方仍然不说话，该如何是好呢？不

第4章 解除"尬聊危机",任何场合都能用到的回话技巧

用担心,还有一个可以打破沉默的诀窍。

"我还是学生的时候经常打网球,也是因为打网球才认识了我妻子。……当时我们都还年轻……现在别说打网球了,就连十米都跑不了呢。"
"哦,这样啊……"

唉,聊不下去了呢。这个讨人嫌的尴尬时刻出现了。
这时,我们可以回到之前聊过的话题,试试看能不能找到什么其他可聊的内容。

寻找新话题需要很大的精力,但如果是从之前聊过的内容里找,应该就没那么困难了。你们一起聊过的内容,对方应该也都记得,所以你可以回溯到之前聊过的任何一个话题。
你可以试着重提一个让你印象尤为深刻的点。比如像这样:

"这么说来,您和您的太太是因为网球结缘的吗?"

● 好好回话

"这样啊,您学生时代也打过网球吗?"

这样就足够了。从这里又可以展开新的思路,引发全新的话题。即便是继续同一个话题,也很可能会聊出不一样的故事。请大家自己来挖掘一下试试看。

"侃侃而谈"
基本法则 39

把聊天中让你印象最深的部分拿出来讲,试着用这样的句式回话:"这么说来,……吗?"

40 实在没话题时，就用这招

◯ 用周围的事物和场景作话题

无论如何都找不到可以聊的话题时，与其在自己的脑海里苦苦搜寻，不如从周围找找看。

我比较推荐从对方身上带着的东西入手。比如对方的着装和配饰、包里的宣传册、手上贴的创可贴、手机等，这些都可以成为你们聊天的话题。

简单一句"哦，这是旅游宣传册吧"，就足以让对方跟你聊上一阵。从一句"你的手怎么了"，也许会引出你意想不到的故事。甚至，从"你手机用的是某某运营商吗"，都有可能会聊到彼此的家庭情况呢。

如果你和别人一起乘电车时没话聊的话，那就看看电车里的广告吧，从广告里周刊的封面标题找找灵感。比如：

好好回话

"某某艺人和他太太关系好像有点紧张呢！""这杂志上说公司会削减年终奖，但是一流企业的员工还是能拿到1000万日元的年终奖，这算哪门子削减啊。"

从这些不起眼的话题开始，或许可以聊出无限可能哦。

一起乘车的时候，窗外的风景也可以成为不错的话题。

比如，关于季节变化："现在天黑得迟了呢"；关于沿街风景的变化："这边新盖了好多楼房啊"；还有关于天气："天上的云的样子有点奇怪呢"；等等。只要你稍稍留心观察，就能在身边发现无数可以聊的话题。

如果是在餐厅里，周围的客人和店员也可以成为不错的聊天话题。

"那边那对夫妻关系真好啊！"
"那个小宝宝好可爱呢！"
……

或者还可以随便聊些八卦。比如："你看那边那对情侣，

第4章 解除"尬聊危机",任何场合都能用到的回话技巧

男孩坐在沙发上,让女孩坐硬椅子呢。他这么直男的话肯定会被女孩子甩了的。"借聊天的机会表现出你敏锐的洞察力也不错。当然讲这种话的时候一定要小声。

"那个店员手脚好麻利啊。虽然是个小姑娘,不过你说她会不会是店长呀?"这类有关职场的话题,如果是心思都花在工作上的人,那肯定会很感兴趣地跟你热聊起来。

发挥你的洞察力,好好看看周围,就会发现身边有很多帮你摆脱聊天冷场困境的良机。

"侃侃而谈"基本法则 40

没话聊的时候,那就观察一下周围的风景和人吧,你一定会从中发现很多可聊的话题。

第 5 章

肢体语言和打招呼
是建立良好人际关系
的秘诀

41 见面 10 秒决胜负，主动打招呼留下好印象

Q **主动打招呼是基本技能！**

在前面的内容中，我们一起探讨了好好聊天的基本技巧。从这一章开始，要更进一步，向大家介绍一些跟任何人都聊得来的高阶说话技巧。

平时，你是不是也习惯回避跟你聊不来的人？是不是倾向于只跟聊得来的人说话呢？这样做在自己的公司里也许还行得通，但是客户、合作商，还有在各种会议上遇到什么人，可不是你能选择的。

所以我们最好练就跟什么样的人都聊得起来的本领。

掌握了这门本领，一对一的聊天自然不在话下，就算是跟一群人聊天也不会怯场，反而能表现得落落大方，泰然处之。

第5章 肢体语言和打招呼是建立良好人际关系的秘诀

主动和别人打招呼

主动和别人打招呼好处多多

- ☑ 给人留下良好的第一印象
- ☑ 让对方放下戒备
- ☑ 可以自然地聊起来
- ☑ 增加亲近感
- ☑ 建立起融洽的氛围

● 好好回话

那么，就让我们赶快开始吧。

构筑良好人际关系的第一步就是给对方留下良好的第一印象。这个道理不用多说，相信大家也都明白。

第一印象通常在两个人初次见面的 10 秒之内就已经决定了。

所以，与人相遇时要主动打招呼。"初次见面""请多多关照"，这样简单的寒暄，就可以给对方留下一个不坏的印象："这个人挺靠谱的""这个人还不错"。

此外，在初次见面时，不要给别人贴上"不好说话""高冷""难相处"之类的标签，而应当主动跟对方打一声招呼，积极地营造出良好气氛。

"侃侃而谈"
基本法则 41

主动跟对方打招呼，给对方留下一个好印象。

42 通过眼神接触，解除对方心防！

💬 自然地微笑

当你第一次加入一个小团体时，试着主动跟大家打招呼，并且多进行眼神接触。因为眼神接触往往可以有力地传达出"我想和你说说话"的信号。

你和大家是初次见面，不慌不忙地看着每一个人，用眼神和他们交流，微笑着向大家点头示意。这样会给大家留下一个"新来的这个人似乎还不错"的第一印象。如果大家对你的第一印象好，他们就会乐于主动跟你说话。

我的培训班上有一位超级腼腆的男学员，他从来没有和我有过眼神的接触，他的神情仿佛在对我说："你丑得让我不忍直视。"他曾十分苦恼地告诉我，他总是搞不好人际关系。但就是这样一位学员，后来养成了与人眼神交流的好习惯，大家对他的印象竟然从"不好相处"转变为"性

好好回话

格可爱"，真是不可思议啊。

四目相交，心意相通，我们的脸上会自然而然地浮现出笑容，气氛也会变得融洽，彼此之间的距离就会拉近。

来吧，让我们一起成为"眼神温柔星人"吧！

大多数人都不会拒绝别人温柔的注视。即使有的人对此有一点点抗拒，但只要你一直看向他，他也就无法无视你。

当眼神触碰到一起时，可以的话请给对方一个灿烂的微笑吧。

这样一来，你们就不是陌生人了。你们之间会出现适合聊天的氛围，而你也会找到开口的时机。

"侃侃而谈"
基本法则 42

温和地看着对方，直到他看向你。

43 多打几次招呼，再难相处的人也能变亲近

Q 这样做有出乎意料的好效果？！

几个人聚在一起，难免会有一两个不好相处的人。这再正常不过了。

对于和自己气场不合的人，你平时是怎么跟他打招呼的呢？这个问题我问过培训班上的学员们，很多人都回答说："我会绕道走，避免和他打照面。"

但是，对方会把这些都看在眼里。他从你的表现得到一个信息：这个人很讨厌我。如此一来，你们的关系必然会产生裂痕。

如果你刻意回避、疏远某个人，你们的关系只会越来越差。

而倘若这个人是你每天都不得不碰面的人，你就无法一直这样回避下去。虽然没有必要把关系搞得多亲近，但是保

● 好好回话

持一个可以自然地打声招呼的关系，肯定是有益无害的。

如果公司里有一个你觉得不好相处的人，那么从明天开始，请试着认真地看着对方，跟他说一句："早上好！"

有一位学员按我说的做了，没想到对方给了他一个非常温柔的回应，这让他十分意外。

"原来之前我们一直不熟，都是因为我没有主动打声招呼呀。"那位学员笑着反省道。

如果职场上少一个让我们觉得难相处的人，压力也会大大减轻。何乐而不为呢？

"侃侃而谈"
基本法则43

多打几次招呼，关系就会一点点变亲近。

44 对打招呼无动于衷的人,那就叫出对方的名字

🔍 最开始是持久战

虽然我们主动打招呼了,但是有时会遇到无视我们的人。如果那个人对谁都爱搭不理的话还好,可如果他只无视你一个人,那你心里肯定不好受。

面对这样的人,你也可以采取无视的态度。但是总有一些人,你无法简单地当他不存在,这种时候就只能打持久战了。他之所以对你如此,如果不是因为你以前做过什么得罪他的事,恐怕就是因为你恰好是让他觉得不好相处的那类人。

如果你对他露出"回应我!"的眼神和态度,强求回应的话,结果只会更糟。

对这样的人只有一个办法,那就是——以柔克刚。

每次经过他身旁,距离他大约一米的时候,你就可以开

● 好好回话

始与他进行眼神接触，然后慢慢地跟他打招呼："早上好！"

一开始，他可能不会给你任何回应。但如果你坚持一个月呢？相信他一定能注意到你对他的态度。毕竟对方也是有血有肉的普通人嘛。

像这样多花一些时间，你们之间的距离就会一点一点地拉近，相信总有一天他会回应你的。

○ 撒手锏是叫对方的名字

如果前面所说的你全都做了，对方依然无动于衷的话，我们还有一招撒手锏。

你可以试着在打招呼的时候先叫一声他的名字。迄今为止，我还没遇到过被叫到名字仍然没有反应的人。

当你遇到他，两人相距大约一米时，说一句："某某，早上好啊！"然后向他投以温柔的眼神，慢慢从他身旁走过。

我班上的一位学员分享了自己运用这些技巧与领导拉近距离的故事。据说，他的上司是个一进公司就开始埋头工作，顾不上与人打招呼的人。

第 5 章　肢体语言和打招呼是建立良好人际关系的秘诀

"某某科长，"他先叫了上司的名字，当上司看向他时再微笑地说，"早上好！"没想到那位科长也略带羞涩地回应了他："啊，早。"后来，他听那位科长说："我也觉得平时可能没主动跟你打过招呼，被你这么一叫，吓了一跳。我又不是小学生，突然被点名，有点不好意思呢。"

原来如此！对于不给我们回应的人，需要我们花时间，用我们的温柔慢慢改变他。精诚所至，金石为开。

"侃侃而谈"基本法则44

初级技巧：眼神接触，试着说一句"早上好"。

高级技巧：先叫对方的名字，然后当对方看向自己时再跟他打招呼，这样往往能得到不错的回应。

45 不善言谈者的相亲攻略：交流从进入对方视野那一刻开始

Q **当场被判出局的人 VS 被相中的人**

如今，全民相亲热潮高涨。与相亲的对象该如何聊天才好呢？为此感到困惑的人想必不在少数。

前面我们已经说过，第一印象取决于"初次见面的开始 10 秒钟之内"。不善言谈的人，一旦在这短短的 10 秒里被判出局，恐怕就无力回天了。你在相亲时的表现如何呢？

假设你来到相亲的地点，看到相亲对象和介绍人已经先到了。接下来，你会怎么做呢？

这个时候应该先用眼神进行交流，可能很多人会在走近之后，先跟介绍人打招呼，而对相亲的对象就只看一眼示意一下。显然，这样做是不可能给对方留下好印象的。

因为，从你的身影出现在对方的视野中那一刻起，你在对方心中的形象就逐渐成形。如果你的表现仅仅如上面

第 5 章 肢体语言和打招呼是建立良好人际关系的秘诀

所说的那样，等你走到近前，对方恐怕就已经对你开启拒绝模式了。然而还有很多人认为，上面所说的做法，就是在"好好打招呼"了呢。

为什么不先看向你的相亲对象

如果你诚心想赢得相亲对象的好感，就算你们还隔着一段距离，只要你注意到对方了，就会先在原地站定。

接下来，不是看向介绍人，而是先将注视的目光投向你的相亲对象。然后慢慢朝他们走去，时不时地朝对方笑一笑。

等你走到近前站定，先向相亲对象做自我介绍："是某某小姐（先生）吧？您好，初次见面，我是某某。"

然后再对介绍人说："今天麻烦您特意过来，真的非常感谢。"

如果你能像这样从走进对方视野的那一刻起，就给对方一个"我很在意你"的信号的话，对方肯定会非常开心。

相反，如果是你先到了约好的见面地点，那么，当相

● 好好回话

亲对象现身的一瞬间,你就应当马上起身,用微笑和温柔的目光迎接对方,等待她(他)向你走来。相信我,如果给对方留下一个非常好的第一印象,后面你们肯定能聊得开心。

"侃侃而谈"基本法则 45

打招呼的最佳时机就是对方进入你视野的那一刻。先站定,然后眼神接触,接着点头致意。请大家按照这样的顺序试试看吧。

46 面对朋友的朋友时,请这样说

Q 如何对待朋友的朋友

在路上或者餐厅偶遇朋友,这时如果朋友身边有一个你不认识的人,你会怎么做?

这可真是考验你交际能力的时候。

这种时候,可以先跟朋友打招呼,说一句"好久不见"之类的话。然后,马上把注意力放在朋友身边的伙伴身上,可以向其轻轻点头致意,客气地道一声"您好"。跟朋友的交谈尽量简短,然后用一句"那么,回头见啊"向朋友道别。离开前,别忘了对朋友身边的那位朋友说一声"打扰了"。

这样做既能让你的朋友感受到你的体贴,也会让朋友身边的那位朋友觉得你是个不错的人。

相反,如果你扮演的是朋友身边的朋友这个角色,对方跟你打招呼了,你也应客气地回一句"您好",最好稍稍

好好回话

退几步，留出空间方便对方与你的朋友交谈。

迄今为止，当你和朋友在一起时，如果遇到了朋友的朋友，是否大多数情况下都被朋友的朋友无视了？你当时是否感到一点点失落呢？

其实那个你不认识的朋友的朋友也和你一样，会觉得有一点点尴尬。虽然这个道理大家都清楚，但是真的遇上了，却很少有人会主动做点什么。

如果大家掌握一些类似这样照顾别人感受的做法，那么无论在什么场合，你都会让人觉得是一个非常体贴的人。

"侃侃而谈"基本法则 46

对朋友身边你不认识的人，也要积极地用眼神交流，好好打招呼。

第6章

享受愉快的交谈，轻松融入圈子

47 多人交谈与一对一聊天其实没有太大差别

Q 为什么觉得困难？

在职场上，无论是在工作中、会议上，还是聚会时，我们很多时候需要面对的不只是一个人，而是一群人。不论哪种场合，如果一个人孤零零又沉默寡言，难免会让人感到气氛尴尬。如果可以的话，谁都想融入圈子，和大家一起轻松愉快地交谈。

然而，有很大一部分人并不擅长多人交谈。

试想一下，比起一对一聊天，多人交谈时一个人需要发言的次数要少得多。比如有五个人在一起聊天，那么五句中有一句是你说的就可以了。但是，如果去问一下觉得多人交谈困难的人，我们会发现事情远没有这么简单。他们之所以觉得多人交谈困难，是有很多原因交织在一起造成的。若不采取任何措施的话，不擅长多人交谈的人只会

第 6 章 享受愉快的交谈，轻松融入圈子

让你觉得自己不擅长多人交谈的原因是什么？

"抓不住"说话"的时机

不知道该说点什么

被人催促"你也说点什么呀"的时候会很焦虑

认为只要自己不说话就完全没有存在感，在人群之中觉得很孤独

一味地回避进入多人交谈的圈子。

与其消极回避，不如尽快掌握多人交谈技巧，让自己也能够享受与大家一起聊天的快乐时光吧。基本上，多人交谈的技巧与一对一聊天时是一致的。下面，就让我们看看具体的做法吧。

"侃侃而谈"基本法则 47

多人交谈的方法基本上与一对一聊天时一致。

157

48 这样回话可以让气氛更融洽

💬 不要破坏好气氛

与多个人一起聊天的时候，首先要掌握的是表现出认真倾听别人讲话的态度。你之所以在人群中觉得孤独，是因为你总是找不到合适的插话时机，认为自己跟不上大家的节奏。

如果心里总是想着"真无聊啊"或者"怎么还没结束"，你的脸上会露出不自在的表情，还会不自觉地低头，因为心里的想法是会反映在态度上的。一旦你对周围露出这种拒绝的姿态，那么其他人也会觉得气氛很尴尬。

解决这个问题的方法十分简单。谁在说话，你就看着谁。只要集中注意力地看着就好。一边听对方讲，一边时不时地"哈""哦"地应一声，笑一笑，表示认同，给个反应。单单是这样，气氛就能马上缓和很多，而你也能感受到大

第 6 章 享受愉快的交谈，轻松融入圈子

家的情绪，和大家融为一体。也就是说，其实你自己就是调节整体气氛的关键，是圈子里不可或缺的重要一员。

所以，让我们抛开"总得说点什么才行"的别扭想法吧。

要记住，决定整体气氛的不仅仅是正在说话的人，而是在场的所有人。

"侃侃而谈"
基本法则 48

一边认真倾听，一边积极给出回应。

49 配合其他人的节奏

Q 只要和其他人的行动一致就好

对于体育比赛以及相声等需要多个人一起完成的项目来说，"节奏的配合"非常重要。如果大家节奏不一致，也就很难顺利完成任务吧。

多人交谈也是一个道理。只有所有参与聊天的人节奏一致，大家聊天的气氛才能高涨。其实跟上大家节奏的诀窍非常简单。只要大家笑的时候你也一起笑，随着大家"哈哈""哦哦"应几声就可以了。然后深吸一口气，认真地点点头，表达出强烈的共鸣。

这样一来，就能和大家保持节奏一致。也就是说，只要和大家的行动保持一致，自然就能跟大家聊到一起。

认真观察说话的人，和大家采取一样的行动，随着节奏的协调，渐渐地你就能融入其中了。

第6章 享受愉快的交谈，轻松融入圈子

而大家看到你的努力，也会认可你是这个小集体的一分子。

一段时间之后，也许就会有人主动向你提问：

"××，你的奖金什么时候发呀？""你是不是很爱运动？""你们公司有没有你觉得不好相处的人呀？"

这个时候，大家都在等着听你说，你自然就不会觉得找不到时机说话，或者开口说话很困难了。而且大家都在看着你，你也就不再觉得被孤立。因此，我们先好好练习如何与小团体里的其他人协调节奏吧。只要融入进去，自然而然就能跟大家聊起来了。

"侃侃而谈"
基本法则49

当大家说说笑笑很开心的时候，你也试着配合大家一起笑吧！

50 不要只是回答问题，不妨与大家分享一些自己的事

Q 这样做可以方便别人提问

"我一想到大家都在看着我，就紧张得说不出话来。"

这是不善言谈的人经常遇到的问题。不被关注的时候会有点寂寞，可是被大家关注的时候又不知该说什么。

如果太过紧张，可能会一直说不出话，反而冷场，所以需要注意。举个例子，假如有人问你："××，有没有人和你一起去看烟花呀？"如果你回答说："没，没人……"这就是典型的要冷场了。

这时，向你发问的人很容易会以为"他的意思是让我不要再追问这个问题了"，然后就不再继续说话了。

其实，回答对方的提问也是有礼仪的。那就是，当你被问到什么问题的时候，多说两句，多提供一些信息，方便对方提其他的问题。

"啊，看烟花呀，没有呢，没有人跟我一起去。我也想

第 6 章 享受愉快的交谈，轻松融入圈子

穿着浴衣（一种夏天穿的简易和服）去看看烟花呢。"

如果你这样回答，对方就会觉得"可以继续聊这个话题"，然后顺着"浴衣"这个关键词继续展开话题。

当然，即使这个人没想到下面该说什么，在场的还有其他人，他们也完全有可能像下面这样接着聊下去。

"浴衣呀，真好呢！"

"我自从和前男友看过烟花后，就再没穿过浴衣了！"

只要你提供一个可以聊的话题，大家就会顺着那个话题有选择地展开。你看，每个人都承担着展开话题的重要使命呢。

说出来，能减压

不论是多人交谈还是私聊，如果你对自己的事一概闭口不谈的话，肯定很难和大家打成一片。

鼓起勇气，和大家说说自己的事，相信我，肯定可以聊得很愉快。

"××，有没有人和你一起去看烟花呀？"

好好回话

"没有呢，我已经空窗（没有谈恋爱）五年了呢。"

"我还没有女朋友（男朋友）呢。我也参加了挺多聚会，但是一直没有遇到合适的人。"

这种程度的内容都是可以拿来聊的。

当然，世上没有不透风的墙，不想被太多人知道的事还是不说为妙。

随着你一点点敞开心扉，在场的其他人也会受到感染，大家都会觉得"我也可以聊聊自己的事"。

这样，所有的人渐渐都卸下了坚硬的心防，可以一起聊的东西越来越多，聊天的气氛自然越来越好。而且，和大家聊一聊自己的心事，还可以舒缓压力，何乐而不为呢。

"侃侃而谈"
基本法则 50

试着跟大家分享一点自己的私事，其他人也会被你说的事所吸引，加入到聊天中来的。

51 众人沉默时，回顾以前的话题是不错的选择

可以聊聊刚刚聊过的话题

多人交谈的时候，话题的选择往往不容易。因为我们很难找到一个大家都感兴趣的话题。

这个时候，我建议大家多多提问。

被别人问到，意味着别人对自己感兴趣，所以大多数人在被提问的时候是开心的。

虽说如此，太过唐突的问题还是会让人不知所措。所以，这种时候最好的办法是，就之前聊过的话题提问。

这里的关键在于，你好好听了之前大家聊的内容，顺着大家说的话题，提一些不破坏气氛的问题。

提出问题的最佳时机是不期而至的"沉默瞬间"。这个时候谁都可以开口。

举个例子。刚刚有人说：

好好回话

"我去打高尔夫球的时候,早饭一般都是前一天就买好的面包。"

虽然这是已经聊过的话题,但是你可以再把这个话题提出来:

"你刚刚说,你去打高尔夫的时候,早上你太太就不会早起为你准备早饭了,是吧?"

内容虽然是刚刚说的"去打高尔夫的时候吃的早饭",但是话题已经向着"去打高尔夫的时候,早上起得早,太太会不会也跟着一起早起"这个全新的方向展开。

这样一来,相信在场的其他人也会兴致勃勃地参与到讨论中来吧。

这时,可以讲一讲自己的经验,听到的传闻,或者自己的想法等,都没有问题。

而且,单身的人也能参与到这个话题的讨论中来,可能有的人会表示:"如果是我的话就不早起,因为你那是出去玩啊,又不是正事。"如此,单身的人可以一边想象着结婚以后的生活,一边天马行空地闲聊,岂不愉快。

你在和大家聊天的时候有没有过"啊,我好想问一句",但是错过了开口时机的情况呢?

那就请一定把你刚刚想问的问题记在心里,等到出现大家都沉默的时候,赶紧把那个问题问出来,推动气氛吧。

"侃侃而谈"
基本法则 51

大家都沉默的瞬间,是你问出之前没机会问的问题的绝佳时机。

52 优先选择大家都可以参与的话题

◯ 通过电影、杂志等积攒话题

与大家一起聊天的时候,注意不要总是自己说个不停。

你一个人说得爽了,其他人却只有听的份儿,这非常不好。

所以一定要思考一下,大家都感兴趣的事是什么,选择一个大家都能参与的话题。比如,在场的人中,20~30岁左右的未婚人士居多,这时你可以这么聊:

"我最近看到有调查统计说,女生对结婚对象的收入要求很高,至少要年薪××万日元,大家真的这样想吗?"

"男同胞们对这个调查结果有何感想?"

你这样一问,在场的人都会被调动起发言的积极性。如果所有人都有机会说话,那大家都会觉得有兴趣了。

"一个三口之家,至少要多少收入才能维持生活呢?"

"那男孩子选女朋友的时候,一般会要求什么?"

第6章 享受愉快的交谈，轻松融入圈子

"不会做饭的女孩是不是都不予考虑呀？"

"男孩收入低的话，有多少女孩愿意嫁给他，然后自己赚钱养家呢？"

聊这类话题的时候，多多少少会触及别人的想法和经历，我们也可以学到一些生活经验。然后，在此基础上，话题可以向各种不同的方向展开。比如：

"我有一个朋友，她一直说不在意男方的收入，但最后还是嫁给了一个年薪2000万日元的外企白领。"

"我现在工作的地方有一个女孩，她老公比她小七岁，是个长得像艺人的小帅哥，大家都很羡慕她。可是那个小帅哥似乎没有工作，现在那个女孩好像过得挺辛苦的。"

如此一来，大家会纷纷聊起自己知道的或者经历过的事，说一些自己的想法，聊着聊着就会忘了时间呢。

如果你有机会与很多人交谈的话，不妨准备两三个像上面这种大家都能参与进来的话题试试看吧。

"侃侃而谈"基本法则 52

如果有什么你觉得有趣的新闻，可以把它当作话题素材先储备起来。

53 避免谈论只有少数人才懂的话题

Q 只有一小部分人才听得懂的话题非常无聊

聊那些只有一小部分人才听得懂的话题，是多人交谈时的一大禁忌。

假如，现在有六个人在一起喝酒聊天。其中，A、B、C三人是同一家公司的同事，剩下的三人分别在不同的公司工作。

这时，A对B和C说：

"你们最近听说人事调动的事了吗？"

像这类的话题就应该尽量回避。因为如果A、B、C这三个人一直聊这个事，另外三个人就只能干听着。

无论如何都要说这类话题时，需要一边说一边加以解释，让在场的其他人也能听得懂。

"小A，小B，你们最近听说人事调动的事了吗？（看向在场的其他人）啊，不好意思，我们科室的领导风评特别差，最近听说他要调到其他地方去了，我想问问具体情况。"

这样一来，就不会把其他三人排挤在这个话题之外了。但是，一直讲这种自己公司内部的事，其他人难免会觉得有些无聊。

总之，与很多人一起聊天的时候，要注意照顾到全员的感受。

"侃侃而谈"
基本法则53

避免聊只有一部分人才听得懂的话题。无论如何都要说的话，就加一些解释，让其他人也听得懂。

54 这样的问题可以增强"连带感"

◯ 如果大家都在各聊各聊的……

五六个人聚在一起聊天的时候需要注意的是,大家能否聊同一个话题。

好不容易大家聚在一起了,可是那边两三人,这边两三人,各聊各的。真的没有比这种场景更令人觉得寂寞的了。

既如此,为什么还要聚在一起?不如各自跟聊得来的人单独约。

这种时候就需要一个控场的主导者,还有全体成员都意识到"我们大家是在一起聊天的",这个统一的意识非常重要。

没有这个意识的话,往往会认为自己是因为没有说话的机会才选择跟身边的人攀谈,这无疑会破坏整体的氛围。

第 6 章 享受愉快的交谈，轻松融入圈子

如果出现了两三个人的小团体自己聊得火热，而破坏了整体的和谐，这个时候可以找一个大家都能参与进来的话题，让小团体的人也一起讨论。这样，他们就能回到大家的话题上来了。

比如像这样的问题就可以："第一次约会出去吃饭时，还是应该男方负责结账吗？大家怎么觉得呢？"

用一个问题把大家的注意力集中起来不是个简单的事情。请大家以此为目标，努力练习吧。

"侃侃而谈"基本法则 54

如果一群人聚会，聊天时却分裂成几个小团体，可以找一些大家都感兴趣的话题把大家的注意力集中起来。（但是对于有 8 个人以上的团体会比较困难，所以这个做法也不总是能行得通的。）

55 讲讲自己的窘事，顺势问问别人"假如是你，你会怎么做？"

○ "你在这种时候会怎么做呢？"

虽然你可能本没想一直说个不停，但是结果发现光是自己在说，这个时候就要赶紧找机会把话语权交给其他人。

但是，如果你以"下面请某某来聊一聊"的方式把话题抛给别人，未免会让回话的人为难。

这种时候，你可以问一问大家对你说的事情怎么看。举个例子。假设你对大家讲：

"有一次，我在店里买红酒，我以为价格是三千日元，拿了一瓶到收银台结账，结果店员告诉我价格是'一万三千日元'。"

"小 A（男性），如果是你，这种时候会怎么办呀？"

"小 B（女性），女孩子一般在这种时候会毫不在意地说

'不好意思,我看错价钱了'吗?"

这样抛出话题,说话人的角色就自然地转移到了其他人身上。接下来你就尽管听着别人怎么说好了。

聊一聊自己的窘事,然后问问大家在同样的情况下会怎么做。虽然只是假设,但是大家肯定都会展开想象,兴味十足。这个提问技巧可以让大家都参与进来,请大家一定尝试一下。

"侃侃而谈"基本法则 55

讲了自己的窘事之后,问问大家:"如果是你,这个时候会怎么想?""要是你的话,你会怎么做?"

56 从邻座开始，逐个攻破

Q 让他成为你与其他人沟通的"桥梁"

和一群不认识的人聊天，你或许会面临更多挑战。

特别是一群关系很要好的人，你一个"半路杀出来的程咬金"，想和大家打成一片，其困难可想而知。

和这样的一群人出去吃饭的时候，你要确保抢到把你引荐到这个小圈子的人旁边的位子。然后，争取尽快跟邻座的人熟络起来。

你可以主动做自我介绍，帮大家斟酒，先搞定坐在你旁边和对面的人。因为你需要这些人的帮助，带你融进这个小群体。

尝试融进一个小群体的时候，首先要注视正在说话的人，还要像其他人一样时不时点点头给个回应。大家笑的

第 6 章　享受愉快的交谈，轻松融入圈子

时候你也笑，大家拍手的时候你也拍手，哪怕你不知道为什么拍手。这些是配合大家节奏的基本常识。如果你表现得像一个局外人，那是永远不会被这个小群体接纳的。

当你慢慢融入整体的气氛后，借助邻座这几个已经跟你熟络起来的人的帮助，你就可以一步步和其他人也熟悉起来。

你可以向已经熟起来的人打听还没有和你说过话的人。这个时候要记得，说话的时候要称呼对方的名字。

"小 A，你旁边的这位，是今天负责联络的小 B 吗？"

你一边看向小 B 一边这样问，小 A 肯定会一边说"是的"一边看向小 B，然后为你们互相引荐。

而小 B 呢，你对他表示出兴趣，他自然不会觉得不开心。小 A 为你们互相介绍之后，小 B 会向你点头示意，说不定还会主动对你说些什么。

这个时候，要善于利用眼神进行交流，当对小 B 说的话有共鸣时可以回以比较夸张的点头。认真倾听对方的话，可以帮助你们建立起良好的关系。此外，如果你被问到什么，尽量敞开心扉多说一些，这一点也很重要。

● 好好回话

掌握这些方法，就能慢慢地和每个人拉近距离。只要有一个人对你表示欢迎，其他的成员也会附和。渐渐地，你就被整个小群体接受了。

"侃侃而谈"
基本法则 56

先和你邻座的人搞好关系，等你们熟络起来，就可以通过他认识其他成员。

57 无论什么圈子，你一旦被接受，就能融入

Q 与其中的每一个人搞好关系

要想抓住别人的心，首先要让这个人接受你，这一点至关重要。

当我们突然加入一个内部成员关系稳定的小群体中时，往往习惯把这个小群体当作一个整体来看待。

事实上，这个小群体中的每一个人也都和你一样，都是单独的个体，都会因为担心不被别人接受而感到不安。也就是说，这个小群体中的每一个个体，都会在意自己能否被新加入的你接受，担心自己被你排斥。

所以，请和每一个人用眼神交流，对每一个人说的话点头予以回应。如果他们觉得自己被你接受了，自然也会接受你。在此之前，就先把你自己是否能被他们接受这件事抛在脑后吧。

● 好好回话

　　融入一个小群体是需要时间的。在被所有人接受前，你都需要忍受强烈的不安。如果你承受不住而逃开，那就谈不上融入这个圈子了。

　　首先，要接受这个群体里的每一个人，然后耐心地等待自己被大家接受。这不仅是让你能够顺利加入多人交谈的聊天技巧，更是可以帮助你融入一个圈子的本领，所以请大家务必掌握。

"侃侃而谈"基本法则 57

　　要想融入一个小群体，就需要和群体里的每一个人进行眼神交流，对每一个人说的话点头予以回应，并接受他们每一个人。这需要耐心，耐心地等待自己被接受。慢慢地，你就会成为他们中的一员。

第 7 章

让关系更进一步的"高阶沟通技巧"

58 对细微之处的关心,更容易让人开心

○ 留意别人穿着、举动上的变化

日本人不习惯接受别人的称赞。被别人说"某某你好潮啊"的时候,很多人都会不好意思地说:"没、没有啦。"

而接下来就是"你真的很时尚啊""真的没有啦"这种你推我挡的车轱辘话了。对于认为自己不会聊天的人,我们不能要求他们"变成善于称赞别人的人"。

其实,有一个很简单的方法可以拉近人与人之间的距离——那就是"用心发现"。

"啊,你剪头发了呢。"
"你已经开始穿半袖了呀。"
"你平时都不坐电梯,直接走楼梯的呢。"
"今天是粉色呀(指衣服的颜色)。"

第7章 让关系更进一步的"高阶沟通技巧"

你这样说的话,对方想客气地否认都无从否认了吧。

对方能够注意到自己的变化意味着他是关心自己的,所以这对谁来说都应该是一件开心的事。而且也不是什么了不得的称赞,所以可以欣然接受。

怎么样?如果是这类关于别人外在变化的问题,平常聊天的时候可以很自然地说出口吧?

而能做到察觉出别人的变化和各种不同侧面,需要平时多留心观察,用心发现。

平时多注意观察身边的人,就不难发现他的穿衣习惯和各种喜好。

慢慢来,总有那么一刻你会发现他的变化,这个时候就要赶快抓住时机:

"某某,你已经换上秋装了呀!"

这样一来,对方肯定不会只应一句"嗯",而是多说一些来回应你,比如:"好像换得有点早了。""就我这么早换了,是不是有点着急啊?"

接下来,可以活用之前讲过的共鸣、沉默、提问、敞开心扉的技巧,进一步展开话题。注意到对方的变化对于创造聊天契机有非常大的帮助。

● 好好回话

"侃侃而谈"
基本法则 58

　　说出对方衣着和举止上的变化。衣着方面可以多注意一下季节变化，举止方面可以留心一下对方不经意的习惯。如果发现可以夸上一两句的地方，一定不要吝啬自己的称赞。

59 从可以用"YES／NO"回答的问题入手

🗨 逐步向"开放性问题"展开

"野口先生您很会聊天呢。您总是先问一些可以用'是'或'不是'来回答的问题,这样让人很容易回话。"

这是一位学员曾对我说的话。我听到的时候稍稍吃了一惊。因为一般我们会认为,比起用"YES/NO"回答的"客观题",可以有各种各样回答的"主观题"更容易展开对话。

而我聊天的时候似乎会下意识地先从"客观题"开始。

在那位学员的协助下,我试着分析了一下自己的说话方式。结果发现,与人聊天时,我向别人提的问题通常有如下的套路。(假设话题背景为七月初。)

"今天挺热的吧?"(先从可以用"YES/NO"回答的问题开始)

好好回话

"是啊,真的好热呢。"

"你家已经开空调了吗?"

"没,我家尽量不用空调。一般要到盂兰盆节[1]的时候才会开空调呢。"

"哇,你们家好能忍啊。"

"其实夜里睡觉的时候也热得出汗呢。"

"那能睡得着吗?"

"嗯,已经习惯了。"

"对什么都这么能忍吗?"(从这里开始,话题向对方的性格展开)

"怎么可能呀!买东西的时候就完全忍不住,经常一冲动就买回来好多。"

---

[1] 盂兰盆节:八月中旬,日本人返乡扫墓的传统节日。——译注

第 7 章 让关系更进一步的"高阶沟通技巧"

高阶提问法

今天挺热的呢。

是啊。

试着问一些容易回答的问题 先从可以用"YES/NO"回答的"客观题"入手

↓ 如果聊着聊着出现了关于性格的话题

展开话题 向"主观题"转换

正如前面提到的那位学员所说，先从可以用"YES/NO"回答的问题入手，如果能和对方找到共鸣，后面就容易聊得开了。如果突然问别人："你家一般每年从什么时候开始开冷气呀？"对方一时摸不清你这么问的意图，就会纠结究竟该如何回答你。

所以，我的习惯做法是，从"客观题"开始，逐步展开话题。

比如，我会对提前15分钟就来到教室的学员说："您总是提早到呢！"这样话题就可以向"您平时习惯凡事都留出富余的时间吗"的方向展开。

而对于踩点到的人，我会说："您可真准时啊！"接着话题可以向"平时生活中您也总是能刚好卡准时间吗"的方向发展。

一般这种时候，大多数人会答一句"是的"，然后把自己平时生活里的行事风格，还有周围人是怎么评价他这种作风的，都讲给你听。

另外，在前面的那段对话中，请大家注意一下，我是先从是否类问题问起，然后转向开放问题的。

与还不是很熟悉的人聊天时，为了让对方更容易回话，

第 7 章　让关系更进一步的"高阶沟通技巧"

可以试着从封闭式的是否类问题问起。然后逐步尝试问一些与对方性格、习惯相关的问题，有意识地把话题导向开放性的一面。

如果你们能在聊天过程中聊到彼此内心深处的一面，那恭喜了，这说明你们的关系已经亲近了许多。

"侃侃而谈"
基本法则 59

提出可以用"YES/NO"回答的问题，以此开启话题。之后，逐步把话题向对方的性格（急性子、小马虎、超认真等）方面展开。

60 谈话时多叫对方的名字,能迅速提升好感度

◯ "我记住了你的名字哦"

最近我越发觉得自己上了年纪,记忆力越来越不行了,不过人名我倒是还能很快记住。即使班上的十来个学员都是第一次见,我也能当场就记住他们的名字。

我总会以"您就是○○同学吧"的方式跟学员搭话,他们也会很快跟我熟悉起来。

如果别人记住了你的名字,你就会感觉对方很在意你。

曾经有人问我:"怎样才能快速记住别人的名字呢?"

诀窍非常简单。那就是有意识地告诉自己,记住对方的名字意味着重视,而对方也会为此而感到开心。

另外,在记名字的时候还得在脑子里回想对方的长相,这样多练习几遍,把对方的名字和脸联系起来。我在记忆班上学员名字的时候,在见到他们之前,会先拿着名册一

边看着大家的名字，一边想象着"这是一个什么样的人呢"。这个步骤有强化记忆的作用。

经常与人交换名片的商务人士，还可以在收到的名片背后记录那个人的特征。除了长相的特征之外，还可以写上他说的一些让你印象深刻的话。如此，让这个名字与你建立起情感联系，也可以强化记忆。

还有一个技巧，我们可以借助名人名字的谐音来记别人的名字。比如说，一个名叫木村的人，看到他的时候可以在心里联想"木村拓哉"，这样记名字会颇有乐趣。

叫别人名字时叫得亲密一点

如果是关系很熟的人，别忘了在聊天过程中适时地叫一叫对方的名字。

比起直接称呼对方"科长"，带上对方的姓——"野口科长"——会显得更亲近一点。

"有什么喜欢吃的东西吗？"与异性聊天时，这种直接提问的方式不如这样说："某某，你有什么喜欢吃的东西吗？"

好好回话

这可是一种能拉近与对方距离的提问方式哦。

请大家试试这样亲切地叫出对方的名字吧。

"那聊天时叫对方名字的频率应该是多少呢？"这种问题就有些过于教条了。

跟着感觉走，觉得感情到了的时候就亲切地叫一声对方的名字吧。

这样做好处多多

称呼对方名字这个技巧并不仅限于职场。

每次进入一家店的时候，我都会快速地扫一眼店员的胸牌，默默记下他的名字。

比如西装店，下次我再去的时候，如果那个店员在，我就会叫出他的名字。

这样，不仅会让店员对你倍感亲切，甚至还可能给你多打折呢。

在外面吃饭的时候，如果我想再点些什么或者要一杯水的时候，我不是直接招呼"不好意思""您好"之类，而

第 7 章 让关系更进一步的"高阶沟通技巧"

是先叫出店员的名字。

如果你招呼"不好意思"的话,有时可能会被无视,但是直接叫对方名字的话,被叫到的店员肯定会赶紧过来的。虽然我的家人会嫌弃我"太丢脸啦,你别这样了",但这算是我一个没有恶意的恶作剧。我也推荐大家试试看。

"侃侃而谈"
基本法则 60

名字代表了一个人。如果你能很快记住并叫出对方名字的话,对方会觉得自己受到了重视。聊天的时候尽量直接用名字称呼对方吧。

61 在人群中，成为受女性欢迎者的秘诀是什么

◯ 表示出你对对方的重视

"我这个人啊，特别怕麻烦的。"
"啊，你说过，只要外面不下雨，你出门就不会带伞呢。"
"哦！你居然记得！"

像这样，如果你能记得对方之前提到过的细节，后来聊天时又再次讲出来，谁都会觉得开心。因为这会让对方觉得自己受到了你的重视。

尤其是在女性身上，这种倾向更为明显，所以能做到这一点的男士应该会很受欢迎哦。

之前，有一位曾在我这里学习的学员（他 15 年前在我这里学习过）给我发来一封邮件。

他的邮件中并没有提到曾在我这里学习的事，但是因

为他的名字很有特点，我还记得当时关于他的一些事，就在给他回信的时候在邮件中提到了（他曾来学习的事），这让他非常感动。

要把时间这么久远的记忆搜索出来作为聊天素材，可能会有一定的难度。

但是，如果平时就能对别人说的话表示出强烈的共鸣，再加上自己深刻的情感烙印，应该能记住很多片段吧。

请大家一定在日常对话中实践一下试试看。

"侃侃而谈"
基本法则 61

记住一些对方让你印象深刻的生活片段，试试下次再和他聊天的时候讲出来吧。

62 即使是负面的话题，也先给予对方认同

Q 正能量的建议招人烦

"我在想，自己是不是不适合这个工作呀？"

如果有后辈这样对你说，你会做何反应呢？

很多人都不擅长回应负面情绪的话题吧。这种时候，最常见的做法是鼓励对方。

"我一点儿也不觉得。没什么适合不适合的，只要你努力就好啦。"

说实话，大家肯定都不喜欢向这种净讲大道理的人倾诉烦恼吧。

或者，有的人会讲一些自己的经验。

"我也经历过这样的挫折。我那个时候……"

这种人其实也不太招人喜欢。当我们被不安包围，陷入负面情绪的时候，鼓励啦、经验谈啦都没有任何用处。

最要命的就是强灌一碗心灵鸡汤。

"这样不行哦，怎么可以这么消极。你只要努力了肯定就能做到的，你做事的时候就想着我可以、我能行。人生啊，不积极面对是不行的呢！"

事实上，当你被强行灌输了一堆积极的人生观后，你只会有一个感受——自己不被理解。

心绪吐露出来才痛快

我们有时候会忍不住想说一些消极泄气的话。

这个时候，我们其实是想把负能量都倾吐出去！

当我们陷入负面情绪时，我们就会想把郁结于胸的负能量都一吐为快。"我真的不行了。""好不安啊！""不想干了！""我对自己没有信心。"……

然后呢？不可思议的是，这样做了之后，我们的负能量就真的能少一些。

很多女孩子都有"哭出来就痛快了"的体验吧。这是同样的道理。负能量也是说出来就好了。

好好回话

你可以这样回应

如果你身边的人向你倒苦水,首先,请你体谅他这份消极的情绪。

"我在想,自己是不是不适合这个工作呀?"

当朋友这样说的时候,你可以说:

"你觉得自己不适合吗?"

像这样,说一些试着理解对方的话。

这样一来,朋友会愿意对你进一步讲讲自己为什么没有信心,为什么感到不安。说完这些后,即使得不出什么结论,他也会觉得"有人能够理解自己""心情好了一些""下次还想跟你聊"。

如果谁的身边有这样一位懂得倾听的朋友,那么他真是太幸运了。

我们无论谁,都会有负能量爆棚的时候。因此,接纳并理解负能量的能力在与人长期相处,以及与你深爱的家人一起生活时都是不可或缺的。特别是想要构筑一个和谐美满的家庭的人,无论如何都请掌握这门本领。

第 7 章 让关系更进一步的"高阶沟通技巧"

"侃侃而谈"基本法则 62

如果有人向你倾诉负面情绪,不要贸然鼓励对方,或者把自己的价值观强加给对方。你只需要静静倾听对方倾吐心中的不快,然后给他一些共鸣就好。

63 高级的纠错方式是询问

💬 **不要张口就以"那太奇怪了！"否定对方**

如果有年轻的男孩子说："虽然是第一次出来约会，但是吃饭的钱还是应该双方平摊的吧。"带有昭和年代思想烙印[1]的男士一定会吐槽："那太奇怪了！"

但是，人的价值观是千差万别的。生活的环境不同，出生的年代不同，想法和价值观自然会有差异。

道理大家都懂，可是还是有人会认为只有自己的价值观是最正确的，甚至还会把自己的想法强加于人，试图改变对方。这样做只会让人与人之间的关系恶化。

而面对别人向你倾诉负面情绪的时候，请务必把自己的价值观放到一边，学会说："您认为应该……吗？"比如

---

1 昭和："昭和"是1926—1989年间日本的年号。此处指做派守旧的人。——译注

第 7 章 让关系更进一步的"高阶沟通技巧"

前面的那个吃饭的钱该谁出的例子,你可以这样回话:

"您认为约会时应该一人出一半费用吗?"

听你这样一说,对方可能会告诉你他的想法和经验。听一听别人的价值观和想法,有时会额外发现一些从前没考虑过的有道理的事情。

原话反问对方,让他自己思考

假如,公司里一位年轻的同事说:"我认为在公司里谈人情义理、搞好人际关系什么的都没有意义。"

这个时候,与其大喝一声"蠢货",不如先接受他的说法,反问他:

"哦,您真的认为人情义理和人际关系都没有用处吗?"

如果你想纠正他(她)的观点,与其喝骂,不如反问他。

"您能说说为什么会觉得人情义理和人际关系没有用处吗?"

"人类社会是依靠互相协助才发展到今天的,您真的

201

认为公司里面不需要互相协助吗？"

"公司里不需要人情义理和人际关系，那么在您心里公司应该是什么样的呢？"

对方在思考你的问题的过程中会慢慢发现自己逻辑上的问题，会对自己的想法进行修正。我们虽然不愿意向别人的指正低头，但是却很愿意改正自己发现的问题。

如果你觉得自己的观点往往容易与别人对立，那么不妨多准备几个类似这样的问句。

"侃侃而谈"
基本法则 63

当你觉得对方的观点有问题时，不要一上来就断定"你有问题""你说的不对"。先说一句"你认为应该是……吗"，接受对方的想法，然后反问他，让他自己发现自己的矛盾之处。

64 为谈话加些幽默感

关于幽默

我在课堂上会讲到关于沟通的方方面面，包括多人交谈、恋爱与婚姻、人际关系、价值观等。

其中，最让学员们感兴趣的莫过于幽默这一话题。

讲人际交往的书中也往往都对幽默的力量大加赞颂。

的确，幽默是让聊天变得愉快的重要因素之一。但尽管如此，还是应该先掌握交谈的基本技巧，否则还是无法让对方在与你交谈时发自内心地感到愉快。"只要懂得幽默就能瞬间和别人打成一片"的想法大错特错。

幽默的人似乎总是可以瞬间让人大笑起来，他们可以快速抓住别人的情绪。但是，那只是表面上看起来的样子而已。

能达到这种境界的人其实早已牢牢掌握了对话的基本技巧，熟谙引导人心之法，在这个基础上再发挥幽默的力量。

如果聊天时既没有眼神接触,还面无表情,更不懂得对人敞开心扉,只是一味地强行幽默,这样绝对无法看到你所期待的效果。

我建议大家先掌握聊天的基本技巧,下一步再向幽默感发起挑战。

看似寻常,但是"笑"果爆炸

即使不刻意运用幽默的技巧,只要坦率地说出真实感受,也能达到令人捧腹大笑的效果。比起精心准备的段子,临场的真实反应更能带动气氛。

有一次,在课堂上,一位刚刚二十岁出头的学员说:"每年只要一到六月,我就立马打开空调。"

其他学员纷纷说:"好早啊。""你可真怕热呢。"

旁边一位四十多岁的男士说:"我从五月中旬开始就开空调了啊。"

这时,那位二十多岁的学员忍不住吐槽了一句:"您这也太不环保了吧!"他这种"双标"的发言让大家捧腹大笑。

第7章 让关系更进一步的"高阶沟通技巧"

再来看一个例子。这也是发生在我课堂上的一件事。有一位男学员A，三十多岁了，还从来没有谈过恋爱。

班上另一位男学员讲起自己有一次在餐厅把女朋友惹哭了，结果自己手足无措的窘事。这时那位没谈过恋爱的学员默默地吐槽："真想有谁能让我惹哭一次啊！"结果引得大家爆笑。

虽然他们自己不知道为什么大家会笑成这样，很是诧异，但是毋庸置疑，大家之所以爆笑，都是因为他们自然的反应和真实的表现。

后来，这两位都成了我们班上非常受欢迎的人，他们似乎终于发现了自己与生俱来的幽默感。

坦率地表达出自己的感受，对于不善言谈的人来说是需要勇气的。不过大家可以先从身边关系亲密的人开始，慢慢练习。

"侃侃而谈"
基本法则 64

有时仅仅是表达出自己真实的感受，也可能达到令人捧腹大笑的效果。

65 可以深入发展的朋友，那就试着保持联系吧

Q 首先试着表达出你的感谢之意

最近，有很多人跟我说，觉得自己"很难交到朋友和恋人"。

有这个烦恼的人大都有一个共同点，那就是不主动与人联系。

进一步与他们交谈后我发现，他们是因为不知道该向对方说点什么好，所以才不主动联系的。

你呢？如果你觉得"我可能也是这样"，那么就让我来告诉你如何利用感谢和问候与人保持联系吧。

现在有微信这种便捷的联系方式，想要拉近与他人的距离并非难事。问题在于，你向对方表达感谢时，谢什么呢？

我们可以感谢对方来见你，跟你聊天。

第7章 让关系更进一步的"高阶沟通技巧"

如果你觉得"我们是平等的关系,我有必要这么做吗",自然就说不出这些感谢的话了。但是如果你做不到时时带着一颗感恩的心,感谢遇见的一切,恐怕是很难建立良好的人际关系的。

"谢谢您今天来见我。"
"今天您跟我说了这么多,非常感谢!"
"今天过得很开心,谢谢您!"

听别人这样说,谁都会觉得开心,而且会觉得下次还愿意和你见面。这时,可以再加上一句问候的话。

"聊到这么晚,您一定累了吧?"
"会不会影响您明天的工作呀?"
"不知不觉这么晚了,回去的路上没问题吧?"

像这样说一些问候的话,对方的心里肯定会觉得更舒服,相信他也会给你一个很好的回应。

如果对方是你下次还想再见的人,那你可以试着主动邀请对方。

💬 好好回话

　　大胆地问一句："改天咱们再一起去吃个午饭怎么样？"相信你们之间一定会建立起良好的关系。交朋友也好谈恋爱也好，都需要你主动行动起来。

"侃侃而谈"
基本法则 65

　　如果你想谈恋爱或者结交朋友，那就请主动给别人发发信息吧。发信息时，我建议你说一些感谢和问候的话。

66　体贴比技巧更重要

💭 满足对方的需求

在前面的内容中,向大家讲述了各种各样的说话技巧,如果你是从开头读到这里的话,相信你已经深刻地理解了说话时"体贴比技巧更重要"这一点。

请不要总是让心弦紧绷,一心只想着"我该说点什么好呢""一定要好好地表现自己""千万不能被讨厌啊"。

比起这些,对方想知道些什么,或者希望你理解他的什么心情,希望得到什么样的共鸣,这些才是你真正应该关注的。

而最重要的是,你要把"我想和你说说话"的心意传达给对方。最好的做法就是敞开心扉,讲一点自己的私事。

随着你一点点把自己的真实想法说给对方,对方也会卸下心防,把心里话说给你听。

💬 好好回话

　　这样一来，我们甚至都不需要刻意寻找话题，也不需要借助任何聊天技巧，自然而然地就能创造出轻松愉快的聊天氛围。

　　我们要做的事其实很简单。当你意识到了这一点，聊天对于你来说就会变成一件轻松愉快的事了。

🔍 只要多加练习，一定会有进步

　　现在，大家已经掌握了与任何人都能轻松聊天的全部技巧了。这些技巧都是能马上运用到实际生活中的，所以接下来大家要做的就是慢慢积累经验了。

　　刚开始的时候，大家最好先跟好相处的、擅长聊天的人来练习。特别是女性，她们往往感情丰富，反应明显。和女性聊天可以明显地看出你的说话技巧得到了多大的提升，所以是非常适合的练习对象。

　　相反，如果你去挑战和没什么表情、反应不明显的人聊天，会觉得自己毫无进步，容易灰心。所以对于初级选手来说，还是不要挑战如此高难度的对象为好。

第 7 章　让关系更进一步的"高阶沟通技巧"

如果你以与人聊天有心理阴影为借口,在自己的周围竖起高墙,拒绝与人沟通,这就等于主动放弃了幸福,我认为这是非常可惜的。

幸福不是靠外物能得来的。

通过与人交流,让彼此心意相通,感受人与人之间的羁绊,这种幸福与有钱有房的幸福感有着本质的不同。

◯ 每天都充满幸福感

最近,人们好像越来越害怕受到伤害,因而尽量避免与人接触。但是,我非常希望你能尽早明白,那样做真的是一大损失呢。

每天对家人、朋友、邻居、同事说一句:"早上好啊!""您辛苦了!""没事吧?""昨天多谢了!""今天的衣服是新买的吧?"……就是这样简单的几句话,也可以成为我们活力的源泉,成为我们为了明天继续努力的动力,请大家务必亲身体验一下吧。

这些话虽微不足道,但是却不可替代。深知这一点的

● 好好回话

人,无论是工作机会、人脉资源还是金钱财富,都会源源而来。因为这些都离不开其他人的帮助。

那么,从今天开始,积极主动地和你周围的人搭话吧。

希望大家在自己人生的每个时刻都能感受到无穷的幸福,祝大家一切顺利!

"侃侃而谈"
基本法则 66

积极主动地与周围的人交流,尽情感受聊天带给你的快乐与活力吧。

图书在版编目（CIP）数据

好好回话 /（日）野口敏著；靳园元译. -- 北京：
北京联合出版公司, 2020.7（2023.8重印）
　ISBN 978-7-5596-4238-7

　Ⅰ.①好… Ⅱ.①野…②靳… Ⅲ.①语言艺术 - 通
俗读物 Ⅳ.①H019-49

　中国版本图书馆CIP数据核字（2020）第079434号
　北京版权局著作权合同登记 图字：01-2020-2422号

DARE TO DEMO 15 HUN IJO KAIWA GA TOGIRENAI！HANASHIKATA 66 NO RULE
Copyright © Satoshi Noguchi 2009
Chinese translation rights in simplified characters arranged with Subarusya Corporation
through Japan UNI Agency, Inc., Tokyo

好好回话

作　　者	【日】野口敏
译　　者	靳园元
责任编辑	管　文
项目策划	紫图图书ZITO®
监　　制	黄　利　万　夏
特约编辑	曹莉丽
营销支持	曹莉丽
装帧设计	紫图装帧

北京联合出版公司出版
（北京市西城区德外大街83号楼9层　100088）
艺堂印刷（天津）有限公司印刷　新华书店经销
字数120千字　880毫米×1230毫米　1/32　7.25印张
2020年7月第1版　2023年8月第5次印刷
ISBN 978-7-5596-4238-7
定价：49.90元

版权所有，侵权必究
未经许可，不得以任何方式转载、复制、翻印本书部分或全部内容。
本书若有质量问题，请与本公司图书销售中心联系调换。电话：010-64360026-103